Beate Lambertz

# Von Luftgeistern, tanzenden Hosen und magnetischen Händen

## Kreative Tanzspiele für Kita-Kinder



Verlag an der Ruhr

# Impressum

**Titel**
Von Luftgeistern, tanzenden Hosen und magnetischen Händen
*Kreative Tanzspiele für Kita-Kinder*

**Autorin**
Beate Lambertz

**Titelbildmotiv**
Wolfgang Funk

**Umschlaggestaltung**
Christian Weißenborn

**Innengestaltung**
Dagmar & Torsten Lemme, Berlin

**Verlag an der Ruhr**
Mülheim an der Ruhr
www.verlagruhr.de

**Geeignet für Kinder von 3–6 Jahren**

**Unser Beitrag zum Umweltschutz**
Wir sind seit 2008 ein ÖKOPROFIT®-Betrieb und setzen uns damit aktiv für den Umweltschutz ein. Das ÖKOPROFIT®-Projekt unterstützt Betriebe dabei, die Umwelt durch nachhaltiges Wirtschaften zu entlasten. Unsere Produkte sind grundsätzlich auf chlorfrei gebleichtes und nach Umweltschutzstandards zertifiziertes Papier gedruckt.


**ISBN 978-3-8346-0928-1**

**Printed in Germany**

# Inhalt

# Ein paar Worte vorab ...

**Liebe Leserin und lieber Leser,**
der Tanz ist eine der elementarsten Ausdrucksformen des Menschen. Wer sich selbst schon einmal ganz der Musik hingegeben hat, kennt vielleicht dieses Gefühl, wenn die Bewegungen aus dem Körper fließen und man Zeit und Raum vergisst. Dafür muss man nicht gleich konkrete Schrittabfolgen oder Tänze einstudieren. Es reicht vielmehr, auf den eigenen Körper, die eigenen Bedürfnisse zu hören und den Gefühlen durch Bewegung Ausdruck zu verleihen:

> *„Ich lobe den Tanz, denn er befreit den Menschen von der Schwere der Dinge, bindet den Vereinzelten zu Gemeinschaft. Ich lobe den Tanz, der alles fordert und fördert, Gesundheit und klaren Geist und eine beschwingte Seele."*
>
> *(Augustinus)*

Kinder lieben Musik, und sie lieben es, sich zu bewegen. Diese Begeisterung lässt sich schon in den ersten Lebensjahren beobachten, wenn die Kleinen eifrig anfangen, zu klatschen oder zur Musik zu wippen und zu schaukeln. Ich möchte Sie mit diesem Buch anregen, den kreativen Tanz als festen Bestandteil in Ihren pädagogischen Alltag aufzunehmen und Ihren Kindern damit neue und andere Möglichkeiten zu geben, ihre Gefühle und ihre Kreativität auszuleben.
Ich selbst arbeite seit mehr als 15 Jahren mit unterschiedlichsten Tanzgruppen und habe dabei immer viel Freude bei den Kindern, bei mir selbst und bei den Eltern erlebt. Strahlende, glückliche Kindergesichter und fröhlich tobende Tänzer waren und sind dabei mein Ziel.

An erster Stelle steht für mich deshalb auch der Spaß, der Spaß am Tanz, an der Musik und an der Bewegung. Die Kinder sollen die Möglichkeit bekommen, ihre Emotionen auszudrücken und Gefühle bei sich und anderen kennen zu lernen. Sie sollen merken, dass sie selbst etwas bewirken können, dass sie selbst etwas tun und darstellen können. Jedes Kind darf zeigen, was es kann.

Dabei verarbeiten die Tänzer vieles, was sie beschäftigt, auch ohne Worte. Die Kinder können Stress abbauen, ihr Körper ist in Bewegung, und sie können die „Seele baumeln lassen". Sie werden schnell merken, dass viele ruhige Kinder richtig loslegen, wenn sie erste Berührungsängste überwunden haben. Sie können sich zunehmend auf die Musik einlassen und ihren Gefühlen ohne Worte Ausdruck verleihen. Laute Kinder werden dagegen ruhiger, fügen sich in die Gruppe ein und lernen, Rücksicht zu nehmen. Besonders zu Anfang empfehle ich Ihnen deshalb die Rolle des Beobachters. Sie werden überrascht sein, wie Kinder, die sich nicht kennen, innerhalb weniger Tänze Vertrauen und ein gutes Gruppenklima entwickeln.

Ausdruckstanz ist etwas sehr Individuelles, und genau darin liegen auch seine Möglichkeiten und Grenzen. Ich kann und möchte Ihnen und den Kindern keine festen Bewegungsabläufe vorgeben. Jeder tanzt, so wie er kann. Wenn während eines Tanzes Bewegungsabläufe entstehen, überlasse ich den Kindern die Führung. Allenfalls versuche ich, mir die Abläufe zu merken oder zu notieren, falls die Kinder eine spontane Choreografie entwickeln, die sie später nachtanzen oder aufführen wollen.

Bevor Sie nun aber gleich loslegen, möchte ich Ihnen ein paar Hilfestellungen mit auf den Weg geben.

Meine Anregungen eignen sich vor allem für 3–6-Jährige, einige Ideen sind aber auch schon für 2-Jährige geeignet. Im Grunde genommen können Sie alle Tänze individuell auf Ihre Gruppengröße und die jeweilige Altersstufe anpassen.

### Sie brauchen keinen Tanzsaal

Meine Anregungen lassen sich in der Regel gut im Gruppenraum oder im Bewegungsraum durchführen. Letztendlich hängt die Größe des Raumes aber auch immer mit der Größe der Gruppe zusammen. Eine Gruppe mit sechs bis zehn Kindern ist für einen normal großen Gruppenraum ideal. Achten Sie einfach darauf, dass jedes Kind die anderen gut sehen und mit ihnen tanzen kann und dass Sie als Tanzleiter alle Kinder sehen und auf sie eingehen können.

Eine große Turnhalle ist oftmals eher ungeeignet, da sie zum Rennen und Toben verführt. Hier sollten Sie die Tanzfläche gegebenenfalls begrenzen. Achten Sie bei der Ausstattung des Tanzraumes außerdem darauf, dass möglichst keine Hindernisse im Raum herumstehen, an denen sich die Kinder verletzen könnten. Tische und Stühle können Sie gegebenenfalls in den Tanz oder die Raumgestaltung einbeziehen.

**In der Ruhe liegt die Kraft**

Ausdruckstanz soll den Kindern die Möglichkeit zur Entfaltung und zum Ausdruck der eigenen Persönlichkeit und der individuellen Bedürfnisse geben. Es ist deshalb sowohl bei den Tanzabläufen als auch bei der zeitlichen Eingrenzung schwer, konkrete Angaben zu machen, ohne Sie und die Kinder einzuschränken. Trotzdem habe ich versucht, Ihnen eine ungefähre Zeitangabe bei jedem Tanzspiel vorzugeben. Bitte halten Sie sich nicht zu streng an diese Vorgaben, und orientieren Sie sich an Ihren Tänzern. Oft hatte ich eine kürzere oder längere Zeit geplant, und es kam anders. Wenn ich sehe, dass etwas Vergnügen macht, habe ich mein Ziel erreicht, lasse die Kinder weitertanzen und kann das Nachfolgeprogramm kürzen. Macht den Kindern etwas gar keinen Spaß, sollten Sie eine Ersatzmusik oder anderes Material zur Verfügung stellen. Ein „Kreativer Tanz" ist immer so gut, wie der Tanzleiter selbst kreativ ist.

**Das sollten Sie beachten**

Überlassen Sie den Kindern, soweit es geht, die Interpretation der Musik. Achten Sie vor allem in den ersten Tanzstunden auf ein rücksichtsvolles Miteinander. Umso harmonischer werden die zukünftigen Tänze ablaufen.

Bevor Sie mit den Kindern loslegen, sollten Sie mit ihnen grundlegende Regeln festlegen und besprechen und sie um deren Einhaltung bitten. Es ist wichtig, den Kindern ihre Verantwortung für einander bewusst zu machen und notwendige Regeln gemeinsam festzulegen. Hier ein paar Anregungen:

- Jeder entscheidet selbst, wann, wie und wie lange er tanzt.
- Wer eine Pause machen möchte, setzt sich leise an eine vorher vereinbarte Stelle im Raum.
- Es gibt kein „Richtig und Falsch". Niemand wird ausgelacht.
- Alle Tänzer nehmen Rücksicht aufeinander, niemand darf verletzt werden usw.

Fragen Sie die Kinder, welche Regeln sie außerdem für wichtig halten. Wenn sie mögen, können sie gemeinsam ein Plakat gestalten, auf dem die Regeln für alle verbindlich festgehalten werden.

**Wie Sie mit dem Buch arbeiten**

In den folgenden Kapiteln habe ich für Sie abwechslungsreiche Tanzanregungen mit Material und ohne Material zusammengestellt. Zu jedem Spiel finden Sie die wichtigsten Informationen zu Gruppengröße, Material und Dauer auf einen Blick. Außerdem habe ich Ihnen einen Vorschlag gemacht, welche Tracks der beigelegten CD zu den jeweiligen Anregungen passen. Aber auch diese Vorschläge sind nur als Anregung zu verstehen. Achten Sie darauf, welche Stücke den Kindern besonders gut gefallen, und passen Sie Ihre Musikwahl gegebenenfalls an.

Selbstverständlich können Sie auch ganz andere Musik zu den Tänzen anbieten. Zu jedem Spiel mache ich Ihnen deshalb auch noch einen alternativen Musikvorschlag mit Liedern und Melodien unterschiedlichster Interpreten. Orientieren Sie sich bei der Musikwahl an den Wünschen und Bedürfnissen der Kinder, und wählen Sie die Musik, mit der sich alle wohlfühlen.

Am Ende des Buches finden Sie eine Übersicht mit allen Tänzen, der Sie mögliche Förderschwerpunkte entnehmen können. In einer zweiten Übersicht sind alle Tänze mit der entsprechenden Musik gelistet, damit Sie auf einen Blick sehen können, welche Tanzidee zu welchem Lied passt. Haben die Kinder Lieblingsstücke auf der CD, können Sie so ganz einfach nachschlagen, welchen Tanz Sie hierzu anbieten können.

Wenn Sie eine Zeitlang regelmäßig mit Ihren Kindern tanzen, werden Sie schnell den Wunsch entwickeln, Ihre Tänze einmal vor Publikum aufzuführen. Dann bietet es sich an, den Tanz durch geeignete Kleidung, Dekoration oder durch ganze Bühnenbilder zu unterstützen.

**Anregungen zu Dekoration und Kleidung der Tänzer**
Bei der Kleidung und Dekoration können Sie Ihrer Fantasie freien Lauf lassen. Dabei kommt es nicht darauf an, möglichst spektakuläre Gewänder zu entwerfen. Für eine Aufführung ist es schon allein sehr wirkungsvoll, wenn alle Tänzer gleichfarbige T-Shirts anhaben. Oftmals kann man schon mit kleinen Accessoires eine große Wirkung erzielen. Farbige Tücher lassen sich ganz einfach umbinden. Gerade für Choreografien lässt sich so ganz leicht ein einheitlicher Look entwickeln, der die Tänzer verbindet. Daneben eignen sich die Tücher wunderbar, um symbolisch einzelne Orte auf der Bühne zu kennzeichnen. Ein Stuhl mit grünem und braunem Tuch ist beispielsweise ein Baum, auf dem gleichzeitig ein Tänzer stehen kann.

In einer Bastelstunde vor der Aufführung können die Kinder ihren Kopfschmuck und viele andere Kostüme selbst basteln. Stellen die Kinder Tiere dar, können die entsprechenden Ohrformen an einem Gummiband festgenäht oder getackert werden. Hat das Kind braune Kleidung an, ist der Hund schon fertig. Und aus Tülltüchern, die an der Schulter mit einer kleinen Wäscheklammer und am Handgelenk festgeknotet werden, entstehen Schmetterlings- oder Elfenflügel. Werden schwarze Punkte aus Papier auf roten Tüll geklebt, hat der Marienkäfer ein passendes Kleid. Seien Sie kreativ! Sammeln Sie alte Hüte und Mützen, bekleben Sie für den Roboter Pappkartons mit Silberfolie, und gestalten Sie Clownsnasen aus Pappmaschee.

Sie werden schnell merken, dass sich mit einfachsten Mitteln wunderbare Kostüme entwickeln lassen.

**Effekte auf der Bühne**

Auf der Bühne selbst können Sie außerdem noch tolle Effekte erzielen und das ganz ohne Lichtanlage und Nebelmaschine. Wenn Sie mit Vorhängen arbeiten, können Sie beispielsweise nur einzelne Körperteile der Tänzer sichtbar machen. So tanzen plötzlich nur noch die Arme oder nur noch die Schuhe, während der Rest der Körper hinter dem Vorhang verborgen bleibt. Auch Schattentänze sind mit einem großen Tuch und einer hellen Lichtquelle wirklich eindrucksvoll.

Eine besonders mystische Athmosphäre zaubern Sie dagegen ganz einfach mit Malerfolie, die von der Decke in Fetzen herabhängt. Mit etwas Licht entsteht so blitzschnell ein Zauberwald oder eine Schneelandschaft. Überhaupt kann man mit Licht wirkungsvoll Stimmungen erzeugen. Probieren Sie doch einfach mal farbige Glühbirnen oder Schwarzlicht aus! Wenn Sie den Raum abdunkeln, erzielen Sie so eine große Wirkung.

Am besten stöbern Sie in der Rumpelkammer, was Sie sonst noch alles in Ihrer Kita finden können. Mit Alltagsmaterialien und der Fantasie der Kinder können Sie ganz sicher ein wunderbares Bühnenbild kreieren. Ich wünsche Ihnen kreative Tanzstunden mit Ihren Kindern und vor allem ganz viel Spaß!

*Ihre Beate Lambertz*

# Tänze mit Materialien

Wenn Sie mit Ihren Kindern tanzen, kann es sich anbieten, Materialien in den Tanz zu integrieren. Grundsätzlich sind Ihrer Fantasie dabei keine Grenzen gesetzt. Man kann beim Tanzen jedes Material verwenden, das sich tragen lässt. Sie sollten aber darauf achten, dass sich keine Verletzungsgefahr für die Kinder ergibt und dass die verwendeten Materialien nicht vom Tanz an sich ablenken. Besonders gut eignen sich die folgenden Materialien:

- Turnzubehör (Seile, Reifen, Säckchen ...)
- Alltagsmaterialien (Klorollen, Plastiktüten, Zeitungen ...)
- Naturmaterialien (Äste, Zapfen, Stroh)
- Stoffe (Baumwolle, Tüll ...)
- Einrichtungsgegenstände (Stühle, Hocker, Kissen ...)

Nicht so gut geeignet sind dagegen Bälle, da sie einen hohen Aufforderungscharakter haben und es nicht mehr um das Tanzen geht, sondern um das Werfen und Fangen. Das Ballspiel sollte dann lieber so in einen Tanz umgewandelt werden, dass man so tut als ob. Diese pantomimischen Tätigkeiten kann man auf verschiedene Tätigkeiten übertragen (z. B. Wäscheaufhängen, etwas Kleines tragen, etwas Schweres tragen etc.).

# Warum Feuer und Sturm sich nicht vertragen

**Gruppengröße**
6–12 Tänzer

**Dauer**
3–8 Minuten

**Materialien**
für jedes Kind zwei rote und blaue Bänder oder Tücher

**Die passende Musik**
Track: 01 | 13

## Das fördern Sie

Gruppengefühl, Unterschiede der Elemente kennen lernen, unterschiedliche Musik zuordnen

## Das müssen Sie vorbereiten

Sprechen Sie mit den Kindern vor Beginn über die Eigenschaften der Elemente. Welche Elemente gibt es überhaupt? Was verbinden sie mit Feuer, was mit Sturm oder Luft? Legen Sie dann für die Kinder rote Bänder oder Tücher (symbolisch für Feuer) und blaue Bänder oder Tücher (symbolisch für Sturm) verteilt in den Raum.

## So geht es

Schalten Sie die Musik ein. Jedes Kind sucht sich zwei Tücher in einer Farbe aus und beginnt, sich damit zur Musik zu bewegen. Dabei sind mehrere Kombinationsmöglichkeiten denkbar. Es können beide „Elemente" zusammen tanzen oder nacheinander im Wechsel. Denkbar ist auch, dass nur ein Tänzer das Feuer darstellt und die anderen als Sturm hinzukommen. Überlassen Sie den Kindern die Interpretation der Musik. Wenn es Unstimmigkeiten gibt, können Sie vorab auch feste Rollen verteilen. Ermutigen Sie die Kinder, sich entsprechend ihrer Tuchfarbe und ihres Elements zu bewegen. Sie werden feststellen, dass die unterschiedlichen Tücher unterschiedliche Bewegungen der Tänzer erzeugen.

## Musikalische Variation

Zu diesem Tanz können Sie auch gut die folgende Musik einsetzen:

- Heart of the Dragon Ensemble. Classical Folk Music from China. 2005. Arc Music

## Tipp

Man kann die Bänder auch an einfachen Stäben (Länge ca. 17 cm) befestigen und damit trommeln. Für eine Aufführung können Sie außerdem mit rotem und blauem Licht Stimmungen erzeugen bzw. verstärken.

# Die Wichtel gehen ins Bergwerk

**Gruppengröße**
4–12 Tänzer

**Dauer**
3–5 Minuten

**Materialien**
Stühle; viele verschiedene Küchenutensilien

**Die passende Musik**
Track: 08 | 07

### Das fördern Sie

Rhythmusgefühl, Fantasie, Gruppenzusammengehörigkeit

### Das müssen Sie vorbereiten

Verteilen Sie die Küchenutensilien im Raum, und stellen Sie die Stühle im Raum verteilt auf. Wenn möglich, sollten alle Gegenstände mehrfach vorhanden sein, damit jedes Kind die freie Auswahl hat. Sprechen Sie mit den Kindern vorab über das Thema Wichtel. Wie sehen sie aus? Was könnten sie in einem Bergwerk machen? Was ist eigentlich ein Bergwerk? Wenn Sie mögen, erzählen Sie eine kleine Geschichte, die den Kindern hilft, sich eine mögliche Szenerie vorzustellen. Die Stühle stellen beispielsweise den Wichtelwald dar, durch den die Wichtel mit ihren Werkzeugen zum Bergwerk gehen.

### So geht es

Schalten Sie die Musik ein, und lassen Sie die Kinder zuerst um die Küchenutensilien und Stühle herum tanzen. Auf Ihr Zeichen hin kann sich dann jeder etwas aussuchen. Lassen Sie die Kinder die Situation frei interpretieren. Vielleicht reihen sie sich in einer Reihe und laufen hintereinander tanzend ins Bergwerk, während sie mit ihren Küchenutensilien werkeln und Geräusche machen. Vielleicht ist aber auch jeder Wichtel ganz individuell unterwegs. Natürlich können Sie auch zusätzliche Impulse geben, indem Sie begleitend eine Geschichte erzählen oder Stimmungen vorgeben.

### Musikalische Variation

Zu diesem Tanz können Sie auch gut die folgende Musik einsetzen:

- Mustapha Tettey Addy. Come and dance. Come and dance. 2005. Weltwunder (SunnyMoon Distribution)

# Elfen tanzen im Zauberwald

**Gruppengröße**
4–8 Tänzer

**Dauer**
3–8 Minuten

**Materialien**
Malerfolie

**Die passende Musik**
Track: 03 | 04

## Das fördern Sie

Körpergefühl, Fantasie, Zauberwesen darstellen

## Das müssen Sie vorbereiten

Für diesen Tanz lohnt es sich, etwas mehr Zeit für die Vorbereitung einzuplanen. Bereiten Sie den Raum als Überraschung mit den Malerfolien vor. Hängen Sie die Folien auf, und legen Sie sie über die Tische. Achten Sie auf ausreichend Abstand zum Tanzen. Vielleicht können Sie die Fenster zusätzlich etwas abdunkeln oder den Raum in ein grünes Licht tauchen.

Sprechen Sie dann mit den Kindern über das Thema Elfen, und sammeln Sie Assoziationen und Geschichten, die die Kinder kennen und erzählen.

## So geht es

Die Musik läuft bereits, wenn die Kinder den Raum betreten. So sind sie gleich verzaubert und können direkt in die Szenerie eintauchen. Sie werden überrascht sein, was sich die Kinder alles einfallen lassen. Da der Raum hier eine ganz eigene Wirkung entfaltet, empfiehlt es sich, auf weitere Vorgaben zu verzichten. Die Kinder werden ihren ganz eigenen Ausdruck zur Musik finden.

## Musikalische Variation

Zu diesem Tanz können Sie auch gut folgende Musik einsetzen:

- Enya. The very Best of Enya. Orinoco Flow. 2009. Warner Music International

## Tipp

Weisen Sie die Kinder darauf hin, dass die Malerfolien rutschig sein können und schnell reißen. Die Bewegungen sollten also eher langsam und nicht zu wild ausgeführt werden. Sie können den Kindern weitere Impulse durch Musikwechsel geben.

# Wir tanzen im Meer

**Gruppengröße**
6–12 Tänzer

**Dauer**
3–8 Minuten

**Materialien**
ein ca. 8 m langes Gummiseil; Tücher; Bänder; Turnseile (nach Bedarf)

**Die passende Musik**
Track: 12 | 04

## Das fördern Sie
Gruppengefühl, gebremste Bewegungen erleben

## Das müssen Sie vorbereiten
Für diesen Tanz ist es am besten, wenn Sie den Bewegungsraum oder eine Turnhalle nutzen. Wenn Sie die Möglichkeit haben, bietet es sich an, das Gummiseil mit den beiden Enden an der Wand zu befestigen. Achten Sie darauf, dass die Befestigung wirklich sicher ist, da die Kinder später stark an dem Seil ziehen. An dem Gummiseil befestigen Sie dann jeweils das eine Ende der Turnseile. Das andere Ende binden sich die Kinder um die Hüfte.

## So geht es
Erzählen Sie den Kindern, dass sie heute den Kraken Mola besuchen. Er hält sie mit seinen Armen, und sie schweben im Wasser. Das Zauberseil dient dabei als flexible Begrenzung, die die Tänzer sanft abbremst und zurückzieht. Wenn Sie keine Möglichkeit haben, das Seil an der Wand zu befestigen, können Sie es sich auch um die Hüften legen und es als Mittelpunkt festhalten. Achten Sie dabei auf einen sicheren Stand.

## Musikalische Variation
Zu diesem Tanz können Sie auch gut folgende Musik einsetzen:
- Electric Air Project. Der Klang des Meeres – Meeresrauschen. 2010. gemafrei-music.de

## Variation
Sie können den Tanz mit einem Spiel kombinieren: Wer das Zauberseil berührt, friert ein und muss z. B. durch einen Zauberspruch erlöst werden.

## Tipp
Wenn Ihr Raum und die Wandbeschaffenheit es zulassen, können Sie das Zauberseil auch schräg vom Boden zur Wand spannen. Es kann dann über- oder untertanzt werden.

# Tanz der Sterne

**Gruppengröße**
6–8 Tänzer

**Dauer**
3–8 Minuten

**Materialien**
für jedes Kinderpaar eine Taschenlampe

**Die passende Musik**
Track: 04 | 07

## Das fördern Sie

Gleichgewicht, optische Wahrnehmung, Bewegen im dunklen Raum, Einstellen auf den Partner, Vertrauen

## Das müssen Sie vorbereiten

Dunkeln Sie den Raum so weit wie möglich ab. Die Kinder bilden Paare. Ein Kind ist der tanzende Stern, das andere erhält die Taschenlampe.

## So geht es

Führen Sie die Kinder in den Raum, und erklären Sie ihnen, dass sie die Sterne am Himmel sind, die funkeln und leuchten. Dann beginnen die Tänzer, zu tanzen, und werden dabei von ihren Partnern mit der Taschenlampe angestrahlt.

## Musikalische Variation

Zu diesem Tanz können Sie auch gut folgende Musik einsetzen:

- Enya. The very Best of Enya. Orinoco Flow. 2009. Warner Music International

## Variation

Die Kinder mit den Taschenlampen geben mit Hilfe des Lichts ihren Partnern die Tanzbewegungen vor, die Tänzer versuchen, zu folgen. Wenn Sie für jedes Kind eine Taschenlampe zur Verfügung haben, können auch alle Kinder als Sterne durch den Raum tanzen und dabei mit ihren Lampen experimentieren.

## Tipp

Dieser Tanz ist auch spannend zu beobachten. Wenn einzelne Paare tanzen, dann können die anderen Kinder am Rand des Raumes dem Sternentanz zusehen. Die Musik und die bewegten Lichter entspannen und regen zum Gedanken-schweifen-Lassen und Träumen an. Weisen Sie die Kinder gegebenenfalls darauf hin, sich nicht mit den Taschenlampen in die Augen zu leuchten.

# Pullover und Hose tanzen mit

## Das fördern Sie
Körperwahrnehmung, Fantasie

## Das müssen Sie vorbereiten
Legen Sie die unterschiedlichen Kleidungsstücke unsortiert auf dem Boden aus. Sie können die Kleidungsstücke als großen Berg oder in einer Kiste zur Verfügung stellen. In jedem Fall sollte es ausreichend Auswahl geben.

## So geht es
Führen Sie die Kinder in den vorbereiteten Raum, und lassen Sie sie zunächst um die Kleidungsstücke herumtanzen. Beim Ton der Triangel können die Kinder sich ein Teil nehmen und damit tanzen. Beim nächsten Ton legen sie es dann wieder ab und nehmen sich ein neues. So können sie nach und nach mit unterschiedlichen Kleidungsstücken experimentieren und ihre Bewegungen entsprechend an die Musik anpassen. Dabei können sie sich auch festhalten und zusammen tanzen oder sich die Kleidungsstücke umhängen oder zuwerfen. Achten Sie dabei aber darauf, dass es nicht zu wild zugeht.

## Musikalische Variation
Zu diesem Tanz können Sie auch gut folgende Musik einsetzen:
- Till Mertens. Gleich nach der Ewigkeit. Der Träumer

## Variation
Alle ziehen beim Tanzen etwas an, je mehr Stücke, umso lustiger kann es hinterher aussehen. Dazu zeigt jeder einen speziellen Tanz, der zur Musik passt.

## Tipp
Mit etwas Fantasie kann aus diesem Tanz eine ganze Modenschau entstehen.

**Gruppengröße**
4–10 Tänzer

**Dauer**
3–8 Minuten

**Materialien**
viele verschiedene Kleidungsstücke, eine Triangel

**Die passende Musik**
Track: 13 | 09

# Lichter begleiten unseren Weg

**Gruppengröße**
5–15 Tänzer

**Dauer**
2–4 Minuten

**Materialien**
kleine Gläser mit Teelichten

**Die passende Musik**
Track: 11 | 06

## Das fördern Sie

Gruppengefühl, Entspannung

## Das müssen Sie vorbereiten

Bereiten Sie kleine Gläser mit den Teelichten vor. Achten Sie darauf, dass die Gläser so breit sind, dass sie durch die Kerzen nicht zu heiß werden. Am besten binden Sie Mädchen mit langen Haaren vor diesem Tanz einen Zopf. Wenn Sie keine Kerzen in Ihrer Einrichtung verwenden dürfen, können Sie ersatzweise Taschenlampen oder kleine LED-Lichter verwenden.

## So geht es

Die Kinder stellen sich in einer Reihe hintereinander auf, nehmen das Glas in die rechte Hand und strecken den Arm rechts vom Körper weg. Die andere Hand legen sie auf die rechte Schulter des Vordermannes. Erst jetzt zünden Sie die Kerzen an und kontrollieren, ob die Hand die rechte Schulter berührt. (Das ist wichtig, damit man besser laufen kann.) Schalten Sie die Musik ein, und führen Sie die Reihe in langsamem Tempo an. Wenn sich die Kinder an das Laufen mit dem Licht gewöhnt haben, variieren Sie zwischen Schlangenlinien, Kreisen, Richtungswechseln usw. So können Sie gemeinsam eine richtige Choreografie entwickeln.

## Musikalische Variation

Zu diesem Tanz können Sie auch gut folgende Musik einsetzen:

- Johann Pachelbel. Zum Beispiel: Pachelbel's Greatest Hit. Canon. 2003. Rca Red Seal (Sony Music)

## Tipp

Wenn Sie den Tanz etwas abwandeln wollen, können Sie ihn auch mit Martinslaternen im Freien tanzen.

# Schnee bedeckt die Welt

**Gruppengröße**
6–10 Tänzer

**Dauer**
3–5 Minuten

**Materialien**
Zeitungsblätter; eine Triangel

## Das fördern Sie

Feinmotorik, gezielt vorsichtige Bewegungen, Fantasie, Gruppengefühl

## Das müssen Sie vorbereiten

Legen Sie die Zeitungen im Raum aus. Alternativ können Sie auch Toilettenpapier verwenden. Weisen Sie die Kinder vor Tanzbeginn darauf hin, dass die Zeitungen rutschig sein können.

## So geht es

Stimmen Sie die Kinder ein, indem Sie ihnen erzählen, dass Sie einen Ausflug in eine Winterlandschaft machen. Lassen Sie sie dann zunächst um die Zeitungen herumtanzen. Beim Ton der Triangel darf sich jedes Kind eine oder mehrere Zeitungen nehmen und damit experimentieren. Bieten Sie ihnen dafür zunächst ruhige Musik an, und erzählen Sie den Kindern, wie der Schnee (das Papier) langsam zu Boden fällt und die Erde bedeckt. Wechseln Sie dann zu schnellerer Musik, und erzählen Sie vom aufkommenden Schneesturm. Jetzt kann es richtig wild werden, sodass im wahrsten Sinn des Wortes die Fetzen fliegen! Die Papierblätter können zerrissen, zerknüllt und geworfen werden oder durch den Raum wirbeln.

**Die passende Musik**
Track: 04 | 06

## Musikalische Variation

Zu diesem Tanz können Sie auch gut folgende Musik einsetzen:

- Antonio Vivaldi. Zum Beispiel: Die vier Jahreszeiten. Der Winter. 1990. Zyx-Classic

## Tipp

Der Schneesturm lässt sich auch durch entsprechende Körperbewegungen darstellen.

# Die Tüte fliegt wie eine Feder

**Gruppengröße**
4–10 Tänzer

**Dauer**
3–8 Minuten

**Materialien**
Plastiktüten mit Griff

**Die passende Musik**
Track: 11 | 06

## Das fördern Sie

Fantasie, Beobachtung, Anpassen an die Bewegungen der Tüte, Rücksichtnahme

## Das müssen Sie vorbereiten

Verteilen Sie die Plastiktüten an die Kinder, und weisen Sie sie darauf hin, die Tüten zu keinem Zeitpunkt über den Kopf zu ziehen oder vor das Gesicht zu halten.

## So geht es

Schalten Sie die Musik ein, und lassen Sie die Tänzer mit ihren Tüten experimentieren. Die Kinder können die Tüten hochwerfen, balancieren, jonglieren, hinter sich herziehen, durch die Luft ziehen usw. Zusätzlich können Sie den Kindern konkrete Anweisungen geben. Sie können zum Beispiel die Tüte in die Luft werfen und ihre Bewegung nachahmen.

## Musikalische Variation

Zu diesem Tanz können Sie auch gut folgende Musik einsetzen:

- Antonio Vivaldi. Zum Beispiel: Die vier Jahreszeiten. 1990. Zyx-Classic

## Tipp

Wenn Sie eine Feder parat haben, können Sie vor dem Spiel mit den Kindern ausprobieren, wie eine Feder fliegt. Lassen Sie sie hierfür von oben auf den Boden fallen. Wiederholen Sie es mehrfach, und lassen Sie die Kinder beobachten, welche Unterschiede es im „Flugverhalten" geben kann. Was passiert, wenn die Feder größer oder kleiner ist? Lassen Sie dann die Kinder mit den Tüten ausprobieren, wie diese durch den Raum schweben können. Wenn Sie unterschiedlich stabile Tüten verwenden, können Sie zusätzlich Abwechslung ins Spiel bringen.

# Wir bauen eine Stadt

**Gruppengröße**
6–10 Tänzer

**Dauer**
3–8 Minuten

**Materialien**
pro Kind einen Umzugskarton; viele kleinere Kartons

**Die passende Musik**
Track: 08 | 05

## Das fördern Sie

Sinneswahrnehmung, Größenverhältnisse erfahren, Fantasie

## Das müssen Sie vorbereiten

Verteilen Sie die Kartons im Raum. Wenn möglich, können Sie auch Kartons anbieten, die erst noch zusammengefaltet werden müssen. In jedem Fall sollte für jedes Kind mindestens ein Karton zur Verfügung stehen.

## So geht es

Erzählen Sie den Kindern, dass sie einen Ausflug in eine große Stadt machen und dass dort für jedes Kind ein „Haus" steht. Jedes Kind darf sich eines aussuchen. Schalten Sie dann die Musik ein, und lassen Sie die Kinder die Situation frei interpretieren. Sie können in ihr Haus hineinkriechen, mit dem Haus durch den Raum tanzen, umziehen oder einander besuchen. Denkbar ist auch, die Häuser übereinander zu stapeln zu riesigen Hochhäusern. Wichtig dabei ist, dass die Kinder immer in Bewegung bleiben und sich durch die Musik anregen und treiben lassen.

## Musikalische Variation

Zu diesem Tanz können Sie auch gut folgende Musik einsetzen:

- Till Mertens. Gleich nach der Ewigkeit. Das Wägelein

## Tipp

Zum Schluss können Sie noch kleinere Kartons oder vielfältiges „Überraschungsmaterial" in einem größeren Karton dazugeben, das die Kinder bei ihrem „Stadtbautanz" einsetzen können.

# Modenschau

**Gruppengröße**
8–12 Tänzer

**Dauer**
4–8 Minuten

**Materialien**
viele verschiedene Kleidungsstücke; farbige Tücher; Ketten; Schmuck; ausreichend Stühle

**Die passende Musik**
Track: 13 | 07

## Das fördern Sie
Selbstbewusstsein, Körpergefühl, Fantasie

## Das müssen Sie vorbereiten
Bereiten Sie mit den Kindern einen „Laufsteg" vor, indem Sie mehrere Stühle zu einer Gasse aufstellen, mit der Sitzfläche nach innen gerichtet für die Zuschauer. Wenn Sie die Möglichkeit haben, stellen oder hängen Sie am Ende der Gasse einen Raumteiler oder Vorhang auf, hinter dem sich die Models umziehen können. So ist die Überraschung für die Zuschauer umso größer.

## So geht es
Teilen Sie die Gruppe in Models und Zuschauer. Die Models verkleiden sich, die Zuschauer nehmen auf den Stühlen Platz. Wenn alle Kinder verkleidet sind, schalten Sie die Musik ein. Wenn Sie mögen, können Sie die Show moderieren. Sie können aber die Regie auch allein den Kindern überlassen. Die Models präsentieren dann ihre Kleidung mit einem passenden Tanz. Anschließend werden die Rollen gewechselt, und die Zuschauer sind die neuen Models.

## Musikalische Variation
Zu diesem Tanz können Sie auch gut folgende Musik einsetzen:
- Bravo The Hits 2011. 2011. Polystar (Universal)

## Tipp
Sie können mit der Modenschau auch die Kinder einer anderen Gruppe überraschen.

# Das dicke Seil führt uns

**Gruppengröße**
6–12 Tänzer

**Dauer**
3–8 Minuten

**Materialien**
ein dickes Turn-/Tauziehseil (ca. 16 m lang); als Hilfsmittel Stühle und Kissen

**Die passende Musik**
Track: 06 | 11

## Das fördern Sie

Gleichgewicht, räumliche Orientierung, Rücksichtnahme

## Das müssen Sie vorbereiten

Legen Sie das Seil in Schlangenlinien auf den Boden. Wenn Sie Abwechslung ins Spiel bringen wollen, verteilen Sie zusätzlich einige Stühle und Kissen im Raum.

## So geht es

Schalten Sie die Musik ein, und fordern Sie die Kinder zunächst auf, zu tanzen, ohne das Seil zu berühren. Das erfordert mitunter etwas Übung und gegenseitige Rücksichtname. Verändern Sie während des Tanzens zusammen mit den Kindern die Form des Seils. Legen Sie es beispielsweise über Stühle oder Kissen, oder geben Sie den Kindern die Aufgabe, auf dem Seil zu tanzen und darauf zu balancieren. Zusätzlich können Sie die Musik variieren.

## Musikalische Variation

Zu diesem Tanz können Sie auch gut folgende Musik einsetzen:

- Till Mertens. Gleich nach der Ewigkeit. Der Mondspaziergang

## Tipp

Sie können auch einem Kind die Aufgabe übertragen, die Seilform zu verändern. Achten Sie aber darauf, dass das Seil nicht zu einem geschlossenen Kreis gelegt wird, da es sonst unnötiges Gedränge gibt und der Bewegungsradius der einzelnen Tänzer eingeschränkt wird.

# Tanz mit Regenschirmen

**Gruppengröße**
je nach Platz
4–10 Tänzer

**Dauer**
3–5 Minuten

**Materialien**
pro Kind ein Regenschirm

**Die passende Musik**
Track: 05 | 02

### Das fördern Sie
Orientierungssinn, Improvisation, Rücksichtnahme

### Das müssen Sie vorbereiten
Öffnen Sie für jedes Kind einen Regenschirm, und verteilen Sie die Schirme im Raum. Besonders schön wirkt es, wenn die Regenschirme unterschiedliche Farben haben, aber auch einheitliche Formen und Farben haben ihren Reiz.

### So geht es
Schalten Sie die Musik ein, und fordern Sie die Kinder zunächst auf, um die Schirme herumzutanzen. Anschließend darf sich jedes Kind einen Regenschirm nehmen und damit frei tanzen. Dabei sind der Fantasie keine Grenzen gesetzt. Der Schirm kann geöffnet und geschlossen werden, am Unterarm spazieren getragen werden, über dem Kopf gedreht werden usw. Sicher fallen den Kindern noch viele andere Tanz- und Bewegungsmöglichkeiten mit den Schirmen ein.

### Musikalische Variation
Zu diesem Tanz können Sie auch gut folgende Musik einsetzen:
- Burt Bacharach. All the Hits. Raindrops keep falling on my head. 2011. Zyx

### Variation
Wenn Sie Taschenlampen zur Verfügung haben, können Sie diese am Griff befestigen. Dunkeln Sie den Raum ab, und lassen Sie die Kinder mit den leuchtenden Schirmen tanzen. Da macht sogar das Zuschauen Spaß!

### Tipp
Leihen Sie Schirme aus, deren Spitzen hinter Kappen abgesichert sind. Achten Sie zusätzlich darauf, dass die Kinder sich nicht mit den Schirmen ins Gesicht pieksen oder ineinander laufen, wenn sie die Schirme aufgespannt vor sich halten.

# Schneezauber

**Gruppengröße**
ab 4 Tänzer

**Dauer**
2–4 Minuten

**Materialien**
ausreichend Papiertaschentücher oder Toilettenpapier

**Die passende Musik**
Track: 06 | 04

## Das fördern Sie

Konzentration, Raumgefühl, Rücksichtnahme

## Das müssen Sie vorbereiten

Verteilen Sie die Papiertaschentücher als Schnee im Raum, oder richten Sie aus den Taschentüchern einen „Schneeberg" an. In jedem Fall sollten Sie ausreichend Taschentücher zur Verfügung stellen. Alternativ können Sie für diesen Tanz auch weiße Chiffontücher verwenden.

## So geht es

Setzen oder legen Sie sich mit den Kindern in den „Schnee" und erzählen Sie eine Wintergeschichte. Schalten Sie die Musik ein, und beginnen Sie, mit den Kindern um die Tempos herumzutanzen. Anschließend nimmt sich jeder eines oder mehrere Taschentücher und tanzt damit durch den Raum. Die Kinder können die Tücher in die Luft schmeißen oder sich auf den Körper legen und versuchen, zu tanzen, ohne sie zu verlieren. Sie können auch einen Föhn einsetzen oder mit einer großen Wellpappe Luft fächern, damit die „Flocken" durch den Raum fliegen.

## Musikalische Variation

Zu diesem Tanz können Sie auch gut folgende Musik einsetzen:

- Antonio Vivaldi. Zum Beispiel: Die vier Jahreszeiten. Der Winter. 1990. Zyx-Classic

## Variation

Besonders aufregend wird dieser Tanz, wenn Sie ihn im Winter tatsächlich draußen im Schnee tanzen. Vielleicht können Sie einfach einen CD-Spieler ans Fenster stellen und die Kinder mit echtem Schnee zur Musik experimentieren lassen.

## Tipp

Zum Abschluss können Sie die Taschentücher auf ein Schwungtuch legen und die Tücher in die Luft schleudern.

# Mein Stofftier kann auch tanzen

**Gruppengröße**
8–12 Tänzer

**Dauer**
5–10 Minuten

**Materialien**
Jedes Kind bringt sein Stofftier mit.

**Die passende Musik**
Track: 06 | 10

### Das fördern Sie
Körperbewusstsein, Fantasie, Selbstbewusstsein

### Das müssen Sie vorbereiten
Bitten Sie die Kinder am besten schon am Vortag, ein Stofftier mit in die Kita zu bringen. Kurz bevor es losgeht, verteilen Sie dann alle Stofftiere großzügig im ganzen Raum.

### So geht es
Schalten Sie die Musik ein, und lassen Sie jedes Kind seinen Tanzpartner, also sein Kuscheltier, finden. Wer möchte, kann sein Stofftier vorstellen. Lassen Sie die Kinder dann mit ihrem Stofftier frei tanzen, oder erfinden Sie gemeinsam eine Geschichte, die die Kinder tanzend umsetzen.

### Musikalische Variation
Zu diesem Tanz können Sie auch gut folgende Musik einsetzen:
- Till Mertens. Gleich nach der Ewigkeit. Die Wiese

### Variation
Jedes Kind erfindet einen zu seinem Stofftier passenden Tanz. Nacheinander darf dann jedes Kind allen anderen seinen speziellen Tanz zusammen mit seinem Stofftier vorführen, und alle anderen Stofftiere und Kinder ahmen ihn nach.

### Tipp
Wenn Sie eine Geschichte spielen, achten Sie darauf, dass die Rollen so verteilt werden, dass die Kinder einverstanden sind und dass es keinen Außenseiter gibt. Wechseln Sie gegebenenfalls die Rollen.

# Komm, wir tanzen um die Welt

Gruppengröße
10–12 Tänzer

Dauer
5–10 Minuten

Materialien
Postkarten mit verschiedensten Motiven

Die passende Musik
Track: 13 | 14

**Das fördern Sie**

Fantasie, pantomimische Darstellung, Mut, etwas vorzutanzen

**Das müssen Sie vorbereiten**

Sammeln Sie Postkarten oder Bilder aus verschiedenen Ländern und mit unterschiedlichen Motiven. Selbstverständlich können Sie die Kinder vor dem Sommer auch bitten, eine Postkarte aus dem Urlaub mitzubringen. Legen Sie die Postkarten dann vor Tanzbeginn auf dem Boden oder auf einem schönen Tuch aus.

**So geht es**

Bitten Sie die Kinder in den Raum, und lassen Sie sie die Karten zunächst in Ruhe betrachten. Dann darf sich jedes Kind eine Karte aussuchen und einen passenden Tanz dazu erfinden. Haben mehrere Kinder eine Karte ausgesucht, können sie nacheinander oder zusammen dazu tanzen. Wenn die Kinder Lust haben, können sie sich im Anschluss noch über die Karten austauschen und darüber, was dazu getanzt wurde und warum.

**Musikalische Variation**

Zu diesem Tanz können Sie auch gut folgende Musik einsetzen:

- Till Mertens. Gleich nach der Ewigkeit. Der Träumer

**Variation**

Mit älteren Kindern können Sie mehrere Bilder zusammenlegen und eine Tanz-Geschichte entwickeln. Lassen Sie die Kinder auf Entdeckungsreise in ferne Länder und Orte gehen! Der Fantasie bei den pantomimischen Darstellungen und bei den Tanzbewegungen sind keine Grenzen gesetzt.

# Wie ein Segel im Wind

**Gruppengröße**
4–10 Tänzer

**Dauer**
5–10 Minuten

**Materialien**
pro Kind ein Kopfkissenbezug

**Die passende Musik**
Track: 10 | 06

## Das fördern Sie

Kreativität, Zusammenspiel mit anderen, Körperbewusstsein

## Das müssen Sie vorbereiten

Verteilen Sie die Kopfkissenbezüge im Raum. Achten Sie darauf, dass Sie für jedes Kind einen Kopfkissenbezug zur Verfügung stellen.

## So geht es

Holen Sie die Kinder in den vorbereiteten Raum, und bitten Sie sie, sich jeweils neben einen Kopfkissenbezug ihrer Wahl zu setzen. Wenn alle Tänzer einen Bezug ausgesucht haben und sitzen, schalten Sie die Musik ein, und fordern Sie die Kinder auf, mit dem Kopfkissenbezug zu experimentieren. Sie können es beispielsweise als Segel hinter sich herflattern lassen, hineinkrabbeln und sich verstecken, als Gespenst durch die Gegend tanzen usw.

## Musikalische Variation

Zu diesem Tanz können Sie auch gut folgende Musik einsetzen:

- Till Mertens. Gleich nach der Ewigkeit. Das Wägelein

## Variation

Sie können aus diesem Tanz auch einen Stopp-Tanz machen und den Kindern Kommandos geben, wie sie als Nächstes mit ihrem Kissenbezug tanzen sollen.

## Tipp

Kopfkissenbezüge sind von der Größe besser für Kinder geeignet als Bettbezüge. Sie können aber auch noch kleinere Bezüge von Sofakissen verwenden.

# Unsere Schuhe tanzen mit

**Gruppengröße**
10–14 Tänzer

**Dauer**
4–8 Minuten

**Materialien**
paarweise Schuhe in allen Größen und Ausführungen (Gummistiefel, Sandalen, Halbschuhe, Stöckelschuhe ...)

**Die passende Musik**
Track: 09 | 13

## Das fördern Sie

Kreativität, Gruppengefühl, Beweglichkeit

## Das müssen Sie vorbereiten

Sammeln Sie die Schuhe der Kinder auf einem großen Berg, oder verteilen Sie sie im Raum. Wenn Sie eine größere Auswahl zur Verfügung haben wollen, können Sie eventuell auch Schuhe aus der Nachbargruppe leihen.

## So geht es

Erzählen Sie den Kindern, dass die Schuhe in letzter Zeit die Musik gehört haben und gerne mittanzen wollen. Wenn die Musik beginnt, sucht sich jeder einen Schuh aus und kann anfangen. Wie kann er fortbewegt, geschoben, vom Boden aufgehoben oder auf dem Kopf getragen werden? Haben Sie die Schuhe paarweise bereitgestellt, können Sie einen Tanz zu zweit anregen. Vielleicht wollte aber der Gummistiefel auch schon immer mal mit dem Lackschuh tanzen.

## Musikalische Variation

Zu diesem Tanz können Sie auch gut folgende Musik einsetzen:

- Till Mertens. Gleich nach der Ewigkeit. Die Wiese

## Variation

Stellen Sie Aufgaben, wie der Schuh getragen oder tanzend gehalten werden soll. Zum Schluss legen Sie alle Schuhe unter eine Decke, und die Tänzer sollen ihren Schuh blind finden. Sie können auch einen Vorhang so im Raum aufhängen, dass nach unten hin Platz ist und nur die Schuhe zu sehen sind. Lassen Sie die Kinder ihren Schuhtanz dann unter dem Vorhang und vor Publikum aufführen.

# Tanz mit Tasche

Gruppengröße
4-10 Tänzer

Dauer
3-8 Minuten

Materialien
für jedes Kind eine Tasche

Die passende Musik
Track: 11 | 14

**Das fördern Sie**
Körpergefühl, Rücksichtnahme, Bewegungsabläufe koordinieren

**Das müssen Sie vorbereiten**
Legen Sie für jedes Kind eine Tasche bereit. Es können auch Reise-Umhängetaschen oder Laptop-Taschen verwendet werden, je unterschiedlicher desto besser. Überlegen Sie vorab mit den Kindern, wozu die Taschen dienen und was alles in sie hineingepackt werden kann.

**So geht es**
Führen Sie die Kinder in den Raum, und lassen Sie jedes eine Tasche aussuchen. Vertrauen Sie auf die Neugier der Kinder. Schalten Sie dann die Musik ein. Nun kann sich jeder Tänzer zur Musik bewegen und dabei die Tasche in seinen Tanz einbeziehen. Die Tasche kann dabei geöffnet und geschlossen, geschoben, getragen und gezogen werden usw. Es können beim Tanz auch pantomimisch Dinge in die Tasche hineingetan oder herausgenommen werden. Bestimmt bewegt sich jede Tasche anders, je nachdem, ob sie eine Damenhandtasche, eine Reisetasche oder eine Laptoptasche ist.

**Musikalische Variation**
Zu diesem Tanz können Sie auch gut folgende Musik einsetzen:
- Till Mertens. Gleich nach der Ewigkeit. Die Wiese

**Tipp**
Achten Sie auf fließende, leichte Bewegungen. Die Taschen sollten nicht wild herumgewirbelt werden, sodass die Gefahr besteht, dass andere Kinder verletzt werden können.

# Tanz mit Feder, Tuch und Luftschlange

### Das fördern Sie
Konzentration, Beobachtungsgabe, Fantasie

### Das müssen Sie vorbereiten
Bei diesem Tanz ist es gut, wenn Sie sich selbst auf eine Leiter stellen. Aus der Höhe können Sie dann nacheinander die Gegenstände zu Boden fallen lassen.

### So geht es
Dieser Tanz verbindet den Sehsinn und den Hörsinn miteinander, denn die Kinder sollen ihren Tanz an die Flugbewegungen der Gegenstände anpassen, die Sie fallen lassen. Sie dürfen immer so lange tanzen, wie der Gegenstand zu Boden gleitet. Da die Materialien unterschiedliche Flugeigenschaften haben, werden sich auch die Tanzbewegungen der Kinder immer wieder neu verändern.

### Musikalische Variation
Zu diesem Tanz können Sie auch gut folgende Musik einsetzen:
- Mustapha Tettey Addy. Come and dance. Come and dance. 2005. Weltwunder (SunnyMoon Distribution)

### Tipp
Sie können die Materialien auch auf ein großes Tuch legen und sie damit in die Luft wirbeln.

**Gruppengröße**
8–16 Tänzer

**Dauer**
3–5 Minuten

**Materialien**
Materialien,die leicht zu Boden fallen (Federn, Baumwolltücher, Papier, Blätter, Luftballons, Luftschlangen ...)

**Die passende Musik**
Track: 06 | 02

# Regentanz

**Gruppengröße**
8–14 Tänzer

**Dauer**
2–4 Minuten

**Materialien**
für jeden Tänzer zwei Rasseln oder Rasseleier; ein rotes Tuch

**Die passende Musik**
Track: 05 | 09

## Das fördern Sie

Rhythmusgefühl, Gruppengefühl

## Das müssen Sie vorbereiten

Sprechen Sie mit den Kindern über das Thema Indianer und insbesondere über kulturelle Rituale, die diese Menschen haben. Erläutern Sie ihnen die Bedeutung der verschiedenen Tänze und ganz besonders, welchem Zweck der Regentanz dient. Markieren Sie dann die Raummitte mit dem roten Tuch. Dieses symbolisiert die Feuerstelle der Indianer.

## So geht es

Schalten Sie die Musik ein, und erzählen Sie den Kindern, dass die Indianer schon sehr lange auf Regen warten. Bitten Sie die Kinder, sich mit ihren Rasseln um die Feuerstelle (rotes Tuch) zu versammeln und laufen Sie zusammen zur Musik im Kreis. Die Kinder rasseln dabei nach oben und bitten die Wolken, zu kommen, im Gehen rasseln sie zur Seite und bitten den Wind, die Wolken herzuwehen, sie rasseln zur Erde und wünschen ihr Wasser.

## Musikalische Variation

Zu diesem Tanz können Sie auch gut folgende Musik einsetzen:

- American Native Orchestra. Indian Spirit. Pow Wow Rhythm. 2002. Mediaphon

## Tipp

Wenn Sie mittanzen, können Sie schon bald einen gemeinsamen Rhythmus erreichen. Mit der Lautstärke der Musik können Sie außerdem unterschiedliche Spannung erzeugen.

# Reifen-Variationen

**Gruppengröße**
8–14 Tänzer

**Dauer**
4–8 Minuten

**Materialien**
für jedes Kind einen Reifen

**Die passende Musik**
Track: 10 | 06

### Das fördern Sie
Körperbeherrschung, Gruppengefühl, Konzentration

### Das müssen Sie vorbereiten
Als Einstimmung auf diesen Tanz bietet es sich an, das Spiel „Bäumchen wechsle dich" zu spielen. Legen Sie dafür einen Reifen weniger, als Kinder mitmachen, auf den Boden. Das Kind, das keinen Reifen hat, gibt das Kommando, zu wechseln, und versucht dabei, selbst einen Reifen zu ergattern. Anschließend legen Sie den fehlenden Reifen dazu und bilden einen Kreis.

### So geht es
Schalten Sie die Musik ein. Jedes Kind tanzt dazu in seinem Reifen. Wenn die Musik stoppt, wechseln alle ihren Platz um einen Reifen nach rechts. Als Nächstes lässt der Tanzleiter jedes zweite Kind den Reifen hochkant vor sich zur Kreismitte halten. So können die anderen durch sie hindurch tanzen. Nach ein paar Runden wechseln die Kinder die Rollen. Nun bilden die Reifenhalter einen langen Tunnel, der durchtanzt wird. Das ist mitunter gar nicht so einfach. Zum Abschluss können sich drei Tänzer an einem Reifen festhalten und frei tanzen.

### Musikalische Variation
Zu diesem Tanz können Sie auch gut folgende Musik einsetzen:
- Till Mertens. Gleich nach der Ewigkeit. Das Wägelein

# Wer folgt der Triangel, wer folgt der Trommel

**Gruppengröße**
3–6 Tänzerpaare

**Dauer**
3–5 Minuten

**Materialien**
für die Hälfte der Kinder unterschiedliche Instrumente (Trommeln, Triangeln, Rhythmusinstrumente)

**Die passende Musik**
Track: 08 | 05

## Das fördern Sie
Akustische Wahrnehmung, Töne und Rhythmen in Bewegung umsetzen, Zusammenspiel mit einem Partner

## Das müssen Sie vorbereiten
Verteilen Sie an die eine Hälfte der Kinder die Instrumente. Vor diesem Tanz sollten sie den Umgang mit ihrem Instrument ein wenig üben.

## So geht es
Die Kinder finden sich in Paaren zusammen. Dabei dürfen sich die Kinder ohne Instrument aussuchen, welchem Instrument sie folgen möchten. Schalten Sie anschließend die Musik ein. Das Musikinstrument wird im Takt dazu gespielt, die Tänzer folgen ihrem Instrument mit rhythmischem Tanz. Nach einer Weile werden die Rollen gewechselt.

## Musikalische Variation
Zu diesem Tanz können Sie auch gut folgende Musik einsetzen:
- Mustapha Tettey Addy. Come and dance. Come and dance. 2005. Weltwunder (SunnyMoon Distribution)

## Tipp
Weisen Sie die Kinder darauf hin, gut auf die Musik zu hören.

# Tänze ohne Materialien

Zum Tanzen braucht es keinesfalls immer Material. Man kann sich zum Beispiel auch jede Bewegung aus dem Alltag vorstellen, sie direkt übernehmen oder sie verfremden. Und auch mit der Musik selbst lässt sich ganz unterschiedlich arbeiten. Die Kinder lieben es zum Beispiel, im Stopptanz mit Ansage spontan eine Aufgabe zu erfüllen. In diesem Kapitel finden Sie deshalb Anregungen zum Tanz ohne Materialien. Darunter finden Sie auch Impulsgeschichten, das heißt Tänze, die eine Geschichte erzählen. Der Tanzleiter gibt dafür in kurzen Sätzen die Impulse für die nächste Tanzszene vor. So lassen sich übrigens auch viele eigene kreative Tanzideen entwickeln.

# Im Land der Spiegel

**Gruppengröße**
6–12 Tänzer

**Dauer**
3–8 Minuten

**Materialien**
Krepp-Klebeband

**Die passende Musik**
Track: 04 | 06

## Das fördern Sie
Bewegung, Konzentration, Beobachtungsgabe

## Das müssen Sie vorbereiten
Kleben Sie eine Spiegel-Linie auf den Fußboden, die den Tänzern als Orientierung dient.

## So geht es
Die Kinder bilden Paare und stellen sich an der Markierung gegenüber. Eines der beiden Kinder übernimmt die Rolle des Spiegels, das andere die des Tänzers. Die Tanzbewegungen des Tänzers werden vom Spiegel-Kind nachgeahmt. Am besten starten Sie hierfür mit ruhiger Musik und wechseln anschließend zu einem lebhafteren Stück. Anschließend werden die Rollen getauscht.

## Musikalische Variation
Zu diesem Tanz können Sie auch gut folgende Musik einsetzen:
- Till Mertens. Gleich nach der Ewigkeit. Der Mondspaziergang

## Variation
Die Spiegel-Linie wird aufgehoben. Je eines der beiden Kinder setzt sich an den Rand und schaut zu, die anderen suchen sich unter den verbleibenden Tänzern je ein heimliches Vorbild, das sie nachahmen. Die Zuschauer versuchen, herauszufinden, wen der eigene Partner nachgetanzt hat. Dann werden die Rollen getauscht.

## Tipp
Sie können auch einen Vortänzer bestimmen, dem die ganze Gruppe nachtanzt.

# Einfrieren in der Kälte

**Gruppengröße**
8–12 Tänzer

**Dauer**
4–8 Minuten

**Materialien**
viele Ideen für die Tanzpausen

## Das fördern Sie

Reaktionsvermögen, Körperkontrolle, Freude an der Bewegung

## Das müssen Sie vorbereiten

Für diesen Stopptanz sollten Sie sich vorab zahlreiche Aufgaben überlegen, die Sie den Kindern beim Musikstopp zurufen können.

## So geht es

Erklären Sie den Kindern, dass heute der Stopptanz getanzt wird, aber im Musikstopp gibt es eine Aufgabe:

- eigener Körper: alle Popos am Boden, nur ein Bein berührt den Boden, Ellbogen an der Wand ...
- im Raum: alle stehen am Fenster, liegen auf dem Rücken ...
- mit den anderen Tänzern: zwei fassen sich an der Hand, immer drei stehen zusammen ...
- Eigenschaften darstellen: traurig, fröhlich ...
- Kombinationen aus allem: die Fensterbank mit einem Bein berühren, alle Tänzer berühren sich, alle roten T-Shirts werden berührt ...

Der Tanzleiter muss sich gut vorbereiten, damit ihm nicht die Ideen ausgehen. Zur Unterstützung kann er aber auch die Kinder bitten, Aufgaben vorzugeben.

## Musikalische Variation

Zu diesem Tanz können Sie auch gut folgende Musik einsetzen:

- Bravo The Hits 2011. 2011. Polystar (Universal)

**Die passende Musik**
Track: 04 | 12

## Tipp

Stopptanz kann auch mit „Feuer, Wasser, Sturm" kombiniert werden. Bei Musikstopp laufen die Tänzer bei Feuer zur Tür, bei Wasser klettern sie auf etwas, und bei Sturm legen sie sich auf den Boden.

# Wir sind magnetisch

**Gruppengröße**
4–10 Tänzer

**Dauer**
4–8 Minuten

**Materialien**
eventuell eine Triangel

## Das fördern Sie

Körperbewusstsein, Sprachschatz, Konzentration, Zusammenspiel in der Gruppe

## Das müssen Sie vorbereiten

Bevor Sie diesen Tanz mit den Kindern machen, empfiehlt es sich, beispielsweise im Morgenkreis das Thema Magnete zu besprechen. Was ist das genau und was passiert, wenn metallene Gegenstände in die Nähe eines Magneten geraten. Die Kinder sollten ein gutes Verständnis von Funktion und Nutzen eines Magnetes haben, bevor Sie starten.

## So geht es

Erklären Sie den Kindern, dass an einer Wand ein riesiger Magnet angebracht ist, der einzelne Körperteile zu sich heranzieht. Welcher Körperteil das ist, wird beim Tanzen vom Spielleiter oder einem der Kinder zugerufen. Immer wieder wechselnd gibt ein Körperteil die Tanzart und Tanzrichtung vor. Zieht der Popo die Tänzer, tanzen sie rückwärts, zieht die Hand die Tänzer, wird hinter ihr her getanzt, das Knie verursacht einen wackeligen Tanz usw. Zu Anfang kann man den Kindern im Raum einen Punkt anbieten (z. B. Tür), auf die sie zutanzen sollen, man kann aber auch einfach immer wieder die Richtung wechseln. Natürlich können auch alle an dem genannten Körperteil oder Raumpunkt „ankleben", dann eventuell auch mit Musikstopp.

**Die passende Musik**
Track: 05 | 10

## Musikalische Variation

Zu diesem Tanz können Sie auch gut folgende Musik einsetzen:

- Till Mertens. Gleich nach der Ewigkeit. Der Mondspaziergang

## Tipp

Sie können den Wechsel der Körperteile auch mit einem akustischen Signal (einer Triangel) einleiten.

# Tanz der Luftgeister, Erdtrolle, Feuerspringer und Wassernixen

**Gruppengröße**
12 Tänzer (pro Element 3 Tänzer)

**Dauer**
4–10 Minuten

**Materialien**
keine

**Die passende Musik**
Track: 01 | 04

## Das fördern Sie

Verschiedene Elemente darstellen, Charakter einer Musik erkennen

## Das müssen Sie vorbereiten

Für diesen Tanz sollten Sie vorab die einzelnen Elemente mit den Kindern besprechen. Welche Eigenschaften zeichnen sie aus? Was sind Luftgeister, Erdtrolle, Feuerspringer und Wassernixen? Je mehr Hintergrundwissen die Kinder haben, desto einfacher wird es ihnen fallen, sich in ihre Rolle hineinzuversetzen.

## So geht es

Erklären Sie den Kindern, dass Sie Musik laufen lassen und jedes sich entscheiden kann, welches Element es dazu tänzerisch darstellen möchte. Anschließend sprechen Sie mit den Kindern zusammen darüber, wer welches Element dargestellt hat und warum.

## Musikalische Variation

Zu diesem Tanz können Sie auch gut folgende Musik einsetzen:

- Ottmar Liebert. Nouveau Flamenco 1990–2000. Santa Fe. 2000. Virgin (EMI)

## Variation

Sie können zu diesem Tanz auch unterschiedliche Musikstücke anbieten, je eines für ein Element. Jedes Kind entscheidet, zu welchem Element es gehört, und tanzt dann bei seiner Musik. Oder Sie legen im Raum vier Ecken fest und ordnen sie den Elementen zu. Jedes Kind sucht sich dann eine Ecke aus, in der es tanzt.

## Tipp

Sie können die Elemente auch mit unterschiedlicher Kleidung oder mit Chiffontüchern darstellen.

# Tanzpantomime

**Gruppengröße**
4–12 Tänzer

**Dauer**
4–10 Minuten

**Materialien**
eventuell eine Triangel

**Die passende Musik**
Track: 10 | 13

## Das fördern Sie
Körperbeherrschung, Tätigkeiten darstellen, Beobachtungsgabe, Fantasie

## Das müssen Sie vorbereiten
Erklären Sie den Kindern, was Pantomime ist. Vielleicht üben Sie mit ihnen vorab, ein paar Tätigkeiten pantomimisch darzustellen.

## So geht es
Schalten Sie die Musik ein. Die Kinder können zunächst tanzen, wie sie möchten. Auf Zuruf integrieren sie dann eine pantomimische Darstellung in ihren Tanz. Das kann zum Beispiel sein:
- Alltagstätigkeiten (Wäsche waschen, lesen ...)
- Tiere (Elefant, Vogel ...)
- Gefühle (traurig, fröhlich, wütend ...)
- Fantasiegestalten (Fee, Hexe, Gnom ...)

Mit dem Klang der Triangel wird die aktuelle Pantomime beendet und beliebig weiter getanzt, bis die nächste Darstellung ausgerufen wird.

## Musikalische Variation
Zu diesem Tanz können Sie auch gut folgende Musik einsetzen:
- Bravo The Hits 2011. 2011. Polystar (Universal)

## Variation
Sie können diesen Tanz auch als Stopptanz gestalten. Wenn die Musik stoppt, verharren die Kinder in einer zuvor festgelegten Tätigkeit.

# Hexentanz

**Gruppengröße**
8–10 Tänzer

**Dauer**
5–10 Minuten

**Materialien**
Tücher in verschiedenen Farben (rot, blau, grün, braun ...)

**Die passende Musik**
Track: 01 | 12

## Das fördern Sie

Fantasie, pantomimisches Darstellen, Vorstellungskraft

## Das müssen Sie vorbereiten

Sprechen Sie vorab mit den Kindern über das Thema Hexen. Überlegen Sie, wie eine Hexe wohl lebt, und gestalten Sie anschließend gemeinsam den Raum. Legen Sie beispielsweise den Ort für die Feuerstelle fest (rotes Tuch), das Haus (braunes Tuch), den Wald (grünes Tuch) usw. Wenn der Raum vorbereitet ist, regen Sie die Kinder an, zu überlegen, was Hexen alles tun können. Am besten schreiben Sie die Ideen der Kinder mit. Wenn Sie mögen, können Sie ihnen diese Ideen während des Tanzes als Anregung zurufen.

## So geht es

Erzählen Sie den Kindern, dass Sie heute gemeinsam die Hexen im Zauberwald besuchen wollen. Spielen Sie dafür entsprechende zauberhaft-geheimnisvolle Musik. Die Kinder verwandeln sich in Hexen, und der Tanz kann beginnen. Die Hexen tanzen um das Feuer, über dem der Zaubertrank brodelt. Dazu murmeln sie den Zauberspruch „Tumpalale tumpa, Tumpalale tumpa". Dann fliegen die Hexen auf ihren Hexenbesen oder verwöhnen ihre schwarzen Katzen. Die Kinder haben sicher zahlreiche weitere Ideen.

## Musikalische Variation

Zu diesem Tanz können Sie auch gut folgende Musik einsetzen:

- Andreas Vollenweider. Caverna Magica. Caverna Magica. 2005. Content Re (Edel)

## Variation

Diesen Tanz können Sie auch als Rollen-Tanzspiel inszenieren. Auf diese Weise können Sie eine ganze Geschichte tänzerisch darstellen.

## Tipp

Mit passender Verkleidung und Raumdekoration eignet sich diese Tanzgeschichte auch prima als Aufführung.

# Clown Zumpel sucht seine rote Nase

**Gruppengröße**
8–10 Tänzer

**Dauer**
5–10 Minuten

**Materialien**
eventuell eine rote Clownsnase (oder für jedes Kind eine)

**Die passende Musik**
Track: 05 | 13

## Das fördern Sie

Körperbewusstsein, pantomimisches Darstellen, Zusammenspiel mit anderen

## Das müssen Sie vorbereiten

Erzählen Sie den Kindern, wer Clown Zumpel ist, damit Sie eine Vorstellung von der Rolle bekommen. Dann beginnen Sie, zu erzählen: „Clown Zumpel fährt mit seinem Hund Dia, mit seiner Gitarre und seinen riesengroßen Schuhen beim Zirkus Zampanello in seinem Zirkuswagen mit. Jetzt steht er gerade auf ..."

## So geht es

Schalten Sie die Musik ein, und regen Sie die Kinder dazu an, in die Rolle des Clowns zu schlüpfen. Am besten beginnen Sie mit Alltagssituationen und bauen lustige Begebenheiten ein. Kinder lieben Unbeholfenheit! So könnte die Geschichte weitergehen:

- Clown Zumpel steht auf, gähnt, reckt sich und stolpert vor dem Bett über seine Schuhe
- frühstückt, wäscht die Wäsche
- hängt alles auf die Leine, auch die rote Nase
- geht seine Freunde besuchen
- schminkt sich für die Aufführung und stellt dabei fest, dass die rote Nase weg ist!

Überlegen Sie mit den Kindern zusammen, was Clown Zumpel alles erlebt. Natürlich kann auch jedes Kind die Geschichte individuell und auf seine Weise darstellen.

## Musikalische Variation

Zu diesem Tanz können Sie auch gut folgende Musik einsetzen:

- Till Mertens. Gleich nach der Ewigkeit. Das Wägelein

## Tipp

Sie können die Nase als Gag auch tatsächlich im Raum verstecken.

# Frühlingsfest der Indianer

Gruppengröße
8–12 Tänzer

Dauer
3–5 Minuten

Materialien
eventuell Indianerschmuck

## Das fördern Sie

Interkulturalität, Körperbewusstsein, Zusammenspiel mit anderen

## Das müssen Sie vorbereiten

Bevor Sie loslegen, sollten Sie sich mit den Kindern über das Thema „Indianer" austauschen. Wie und wo leben sie? Wie sehen Sie aus? Was zeichnet ihren Lebensstil aus usw.? Wenn Sie mögen, können Sie gemeinsam mit den Kindern Indianerschmuck basteln, mit dem sich die Tänzer anschließend schmücken und verkleiden können.

## So geht es

Schalten Sie die Musik ein, und erzählen Sie den Kindern die nachfolgende Impulsgeschichte, die diese tänzerisch begleiten und darstellen.

„Die Indianer schlafen, es ist noch kühl. Im Morgengrauen tritt Häuptling ‚Schwarzer Adler' vor sein Tipi und singt den Morgengruß. Alle wachen so langsam auf. Sie treffen sich am Feuer zum Morgentanz. Dann holen sie ihre Pferde und reiten zur Jagd oder zum Beerensammeln. Sie zielen mit ihren Pfeilen und füllen ihre Körbe mit Beeren. Anschließend reiten sie zurück zum Lager. Sie ziehen sich festlich an, sie wollen zum Frühlingsfest mit ihren befreundeten Stämmen. Dort angekommen tanzen sie um das Feuer den Regentanz und den Sonnentanz. Am Abend reiten sie nach Hause und legen sich müde schlafen. Häuptling ‚Schwarzer Adler' singt den Abendgruß."

## Musikalische Variation

Zu diesem Tanz können Sie auch gut folgende Musik einsetzen:

- American Native Orchestra. Indian Spirit. Pow Wow Rhythm. 2002. Mediaphon

Die passende Musik
Track: 01 | 10

# Wie ein großer Luftballon

**Gruppengröße**
10–14 Tänzer

**Dauer**
8–12 Minuten

**Materialien**
ein Luftballon

**Die passende Musik**
Track: 02 | 11

## Das fördern Sie

Fantasie, Gegenstände darstellen

## Das müssen Sie vorbereiten

Blasen Sie den Luftballon im Beisein der Kinder auf, und achten Sie gemeinsam darauf, wie sich der Ballon dabei verändert. Anschließend können Sie die Flugeigenschaften des Ballons gemeinsam im Raum oder draußen testen.

## So geht es

Erklären Sie den Kindern, dass sie Luftballons sind, die schlapp und ohne Luft am Boden liegen. „Blasen" Sie die Kinder nacheinander symbolisch auf, und „binden" Sie sie an einer geeigneten Stelle im Raum fest. (Alle Kinder halten sich beispielsweise an einer Tischkante fest.) Dann schalten Sie die Musik ein und binden eines nach dem anderen wieder los. Begleiten Sie den Tanz der Kinder mit folgenden Impulsen: Die „Ballons" schweben nun durch den Raum und prallen sanft an Boden und Wände. Wenn Sie mögen, öffnen Sie die Tür, und lassen Sie die Kinder auch nach draußen fliegen. Der Wind trägt sie, sie fliegen über ihre Stadt, immer weiter und weiter, bis sie merken, dass sie Luft verlieren. Langsam suchen sie sich einen schönen Ort zum Landen und kommen entspannt zur Ruhe. Der Fortschritt der Geschichte richtet sich nach der Geschwindigkeit der Tänzer.

## Musikalische Variation

Zu diesem Tanz können Sie auch gut folgende Musik einsetzen:

- Till Mertens, Gleich nach der Ewigkeit, Der Träumer

## Tipp

Sie können auch viele andere Themen, die die Kinder interessieren, in ähnlicher Weise vorbereiten.

# Wir tanzen zu den Zeichen

**Gruppengröße**
10–16 Tänzer

**Dauer**
2–4 Minuten

**Materialien**
Karten mit Symbolen (Kreis, Quadrat, Schlangenlinien etc.); eine Triangel

**Die passende Musik**
Track: 11 | 14

## Das fördern Sie

Wahrnehmung, Beweglichkeit, Fantasie

## Das müssen Sie vorbereiten

Besprechen Sie mit den Kindern vor Tanzbeginn die unterschiedlichen geometrischen Formen. Zur Vertiefung können Sie mit ihnen gemeinsam Signalkarten gestalten, die Sie dann anschließend für den Tanz benutzen können. Für den Tanz benötigen Sie doppelt so viele Karten wie Tänzer. Neben geometrischen Formen können Sie auch unterschiedliche Linien oder Piktogramme erstellen.

## So geht es

Stellen Sie sich mit den Kindern in Kreisform auf, mit Blick zur Kreismitte. Dort liegen die verschiedenen Karten mit dem Motiv nach unten. Schalten Sie die Musik ein, und lassen Sie die Kinder zunächst frei danach tanzen. Schlagen Sie dann die Triangel an. Eines der Kinder geht in die Kreismitte, wählt eine Karte und hält sie für alle anderen gut sichtbar hoch. Nun tanzt jeder, was ihm zu dem Bild einfällt. Mit dem Triangel-Ton ist dann das nächste Kind an der Reihe.

## Musikalische Variation

Zu diesem Tanz können Sie auch gut folgende Musik einsetzen:

- Till Mertens. Gleich nach der Ewigkeit. Das Wägelein

## Variation

Zu den geometrischen Formen lässt sich auch wunderbar eine Choreografie entwickeln. Die Kinder können sich an den Händen fassen und gemeinsam die jeweilige Form tanzen.

# Wir bauen ein Standbild

**Gruppengröße**
6–12 Tänzer

**Dauer**
5–10 Minuten

**Materialien**
keine

**Die passende Musik**
Track: 05 | 08

### Das fördern Sie

Körperbeherrschung, achtsamer Umgang, Zusammenarbeit mit anderen

### Das müssen Sie vorbereiten

Sprechen Sie mit den Kindern über Statuen. Vielleicht haben Sie Bilder berühmter Statuen zur Anschauung, oder Sie nutzen einen Ihrer Kita-Ausflüge um mit den Kindern ein Standbild in Ihrer näheren Umgebung zu besuchen.

### So geht es

Die Kinder bilden Paare. Während die Musik läuft, baut das erste Kind aus dem zweiten Kind ein Standbild und stellt sich selbst in der gleichen Haltung daneben. Erklären Sie ihnen, dass sie vorsichtig miteinander umgehen sollen. Wenn alle Paare stehen, sehen sie sich wie in einem Park alle Standbilder an. Dazu darf nach jedem Durchgang ein anderes Paar die anderen anschauen.

### Musikalische Variation

Zu diesem Tanz können Sie auch gut folgende Musik einsetzen:

- Mustapha Tettey Addy. Come and dance. Come and dance. 2005. Weltwunder (SunnyMoon Distribution)

### Variation

Zu Beginn bewegen sich alle Tänzer zur Musik, dann greift der Tanzleiter einzelne Tänzer mit einer besonderen Bewegung heraus und verbindet sie zu einer Tanzmaschine: Z. B. der 1. Tänzer bewegt den rechten Arm und fasst den 2. Tänzer, der den linken Arm bewegt, an. Der 3. Tänzer wackelt mit dem Popo und umfasst die Hüfte des 2. Tänzers usw. Sind alle Tänzer eingebaut, kann die mit Handkontakt verbundene Maschine zuerst im Stehen einen gemeinsamen Rhythmus finden und danach versuchen, sich tanzend durch den Raum zu bewegen. Ist die Tänzergruppe erfahren, bilden sich die tollsten Tanzmaschinen.

# Unser Körper zeigt den Rhythmus

**Gruppengröße**
10–16 Tänzer

**Dauer**
3–8 Minuten

**Materialien**
eventuell eine Triangel

**Die passende Musik**
Track: 13 | 09

## Das fördern Sie

Körperteile benennen, Mut zum Vortanzen, Kreativität

## Das müssen Sie vorbereiten

Dieser Tanz eignet sich gut, um ihn auch schon mit jüngeren Kindern zu tanzen. Die Kinder sollten die wichtigsten Körperteile kennen und benennen können. Mit diesem Tanz können Sie diese Begriffe aber auch gut wiederholen.

## So geht es

Stellen Sie sich mit den Kindern in der Kreisform auf, mit Blick nach innen. Dazu fassen sich alle an den Händen und gehen ein paar kleine Schritte rückwärts. Rufen Sie im ersten Durchlauf einen Körperteil in die Runde, der sich bewegen soll. Später können Sie die Kinder auffordern, in der Mitte etwas vorzutanzen, was die äußeren Kinder nachtanzen sollen. Der Wechsel erfolgt über einen Triangel-Ton.

## Musikalische Variation

Zu diesem Tanz können Sie auch gut folgende Musik einsetzen:

- Till Mertens. Gleich nach der Ewigkeit. Die Wiese

## Variation

Sie können den Tanz auch so gestalten, dass Sie einen Körperteil aufrufen, der sich nicht bewegen darf.

# Kreuztanz

**Gruppengröße**
8-14 Tänzer

**Dauer**
2-4 Minuten

**Materialien**
keine

**Die passende Musik**
Track: 07 | 13

## Das fördern Sie
Koordination, Beweglichkeit

## Das müssen Sie vorbereiten
Bei diesem Tanz geht es darum, Kreuzbewegungen zu machen, d.h. die Kinder tanzen alle Möglichkeiten, bei denen Körperteile einander kreuzen. Damit die Kinder ausreichend Auswahlmöglichkeiten haben, empfiehlt es sich, vorab mit ihnen gemeinsam zu überlegen, welche Kreuzbewegungen möglich sind. Z.B. den rechten Ellenbogen zum linken Knie, die Arme vor dem Körper, die linke Hand zum rechten Ohr usw.

## So geht es
Schalten Sie die Musik ein, und machen Sie erste Bewegungen vor. Anschließend können die Kinder selbst entscheiden, welche Bewegungen sie zu dem Kreuztanz machen möchten. Da dieser Tanz sehr anstrengend ist, empfiehlt er sich als kurze Einheit.

## Musikalische Variation
Zu diesem Tanz können Sie auch gut folgende Musik einsetzen:

- Mustapha Tettey Addy. Come and dance. Come and dance. 2005. Weltwunder (SunnyMoon Distribution)

# Ruhige Musik trägt uns

**Gruppengröße**
6–14 Tänzer

**Dauer**
2–4 Minuten

**Materialien**
keine

**Die passende Musik**
Track: 06 | 02

## Das fördern Sie

Entspannung, Ruhe finden in der Musik

## Das müssen Sie vorbereiten

Dieser Tanz ist ein ruhiger Tanz und eignet sich gut, wenn die Kinder einer Tanzgruppe sich noch nicht so gut kennen. Sie müssen dafür auch keine besonderen Vorbereitungen treffen.

## So geht es

Bilden Sie mit den Kindern eine lange Schlange, die Sie anführen. Erklären Sie den Kindern, dass Sie heute ganz ruhig tanzen. Sie können die Kinder mit langsamen, fließenden Bewegungen durch den Raum führen und dann einen Kreis bilden. Gemeinsam gehen Sie dann zur Mitte und aus dem Kreis wieder hinaus. Wenn Sie mögen, können Sie den Tanz zwischendurch immer wieder durch einen Triangel-Ton unterbrechen, bei dem sich immer zwei Kinder zusammenfinden und eine gemeinsame Drehung machen. So lernen sich die Tänzer untereinander kennen.

## Musikalische Variation

Zu diesem Tanz können Sie auch gut folgende Musik einsetzen:

- Johann Pachelbel. Zum Beispiel: Pachelbel's Greatest Hit. 2003. Rca Red Seal (Sony Music)

# Sonnentanz

**Gruppengröße**
8–16 Tänzer

**Dauer**
2–3 Minuten

**Materialien**
evtl. ein gelbes Tuch

**Die passende Musik**
Track: 02 | 11

## Das fördern Sie

Entspannung, Gemeinschaftsgefühl, Rücksichtnahme

## Das müssen Sie vorbereiten

Für diesen Tanz geben Sie den Kindern einen Grundschritt vor. Dieser geht wie folgt:
Wir gehen immer einen Schritt nach rechts mit dem rechten Fuß, ziehen den linken Fuß nach, gehen einen Schritt nach hinten, ziehen links nach, gehen einen Schritt nach vorne, ziehen links nach, usw. Üben Sie diesen Grundschritt zunächst in der Gruppe, am besten ohne Musik.

## So geht es

Schalten Sie die Musik ein, und unterstützen Sie die Kinder, wenn nötig, indem Sie die Schritte laut vorsprechen. Tanzen Sie dann alle zusammen nach dem Rhythmus der Musik im Kreis.

## Musikalische Variation

Zu diesem Tanz können Sie auch gut folgende Musik einsetzen:

- American Native Orchestra. Indian Spirit. Rainbow Dance. 2002. Mediaphon

## Tipp

Damit die Kreisform bestehen bleibt, ist es gut, die Mitte mit einem gelben Tuch zu verdeutlichen.

# Königstanz

**Gruppengröße**
8–14 Tänzer

**Dauer**
pro Durchgang
2–3 Minuten

**Materialien**
keine

**Die passende Musik**
Track: 11 | 14

## Das fördern Sie

Gemeinschaftsgefühl, Rücksichtnahme, Freude an der Musik

## Das müssen Sie vorbereiten

Für diesen Tanz müssen Sie keine besonderen Vorbereitungen treffen.

## So geht es

Die Kinder finden sich zu Paaren zusammen und stellen sich in zwei Reihen gegenüber, sodass sie eine Gasse bilden. Dann tanzen die Kinder folgende Choreografie: Die beiden Reihen gehen aufeinander zu, verbeugen sich, gehen rückwärts und lassen eine Gasse frei. Dann hüpft das obere Paar im Seitgalopp mit gefassten Händen die Gasse hinunter und schreitet sie als Königspaar anschließend wieder hoch. Oben angekommen trennen sich die Partner und laufen außen am Rücken ihrer Reihe hinunter und ziehen ihre Reihe als Schlange hinter sich her. Am unteren Ende der Gasse bilden sie ein Tor, und jedes nachfolgende Paar, das durch das Tor hindurchgeht, bildet auch ein Tor. Anschließend öffnen die „Tore" sich, und der Tanz beginnt von vorn. Das neue Königspaar am oberen Ende der Gasse beginnt wie zuvor beschrieben.

## Musikalische Variation

Zu diesem Tanz können Sie auch gut folgende Musik einsetzen:

- Johann Pachelbel. Zum Beispiel: Pachelbel's Greatest Hit. 2003. Rca Red Seal (Sony Music)

## Tipp

Beim Üben des Ablaufs ist es gut, wenn der Tanzleiter am oberen Ende Hilfestellung gibt. Bei älteren und geübten Tänzern läuft der Tanz mit viel Spaß von alleine.

# Ameisen und Bären treffen sich

**Gruppengröße**
8–16 Tänzer

**Dauer**
4–8 Minuten

**Materialien**
evtl. Klebeband

**Die passende Musik**
Track: 06 | 03

## Das fördern Sie

Orientierung im Raum und in der Gruppe, Zusammenspiel mit Partner

## Das müssen Sie vorbereiten

Sprechen Sie mit den Kindern über Bären und Ameisen. Wie leben sie? Wie sehen sie aus? Wie bewegen sie sich? Anschließend teilen Sie die Gruppe in Ameisen und Bären.

## So geht es

Erklären Sie den Kindern, dass sie heute von zwei gegenüberliegenden Wänden aufeinander zu tanzen. Die Bären stehen auf der einen Seite und die Ameisen auf der anderen. Schalten Sie dann die Musik ein, und lassen Sie die Kinder aufeinander zu tanzen.

## Musikalische Variation

Zu diesem Tanz können Sie auch gut folgende Musik einsetzen:

- Bravo The Hits 2011. 2011. Polystar (Universal)

## Variation

Die Tänzer können auch paarweise starten und beim Zusammentreffen in der Mitte kurz zusammen tanzen.

# Warum Sonne und Mond sich nicht vertragen

**Gruppengröße**
10–16 Tänzer

**Dauer**
3–8 Minuten

**Materialien**
Krepp-Klebeband

**Die passende Musik**
Track: 04 | 13

### Das fördern Sie

Fantasie, Beweglichkeit

### Das müssen Sie vorbereiten

Unterteilen Sie den Raum mit Hilfe des Krepp-Klebebandes in zwei Hälften. Erklären Sie den Kindern, dass es in einem Raumteil bitterkalt und im anderen heiß ist. Überlegen Sie gemeinsam ein Symbol, das Sie aufmalen oder mit dem Sie die jeweilige Seite kennzeichnen.

### So geht es

Schalten Sie die Musik ein, und lassen Sie die Kinder selbst wählen, in welchem Teil des Raumes sie tanzen möchten. Wenn Sie möchten, können Sie dazu eine kleine Geschichte vorgeben oder durch die Musik einen Spannungsbogen zwischen den beiden Extremen erzeugen. Wenn die Kinder mögen, können Sie während des Tanzes die Seiten wechseln.

### Musikalische Variation

Zu diesem Tanz können Sie auch gut folgende Musik einsetzen:

- Ottmar Liebert. Nouveau Flamenco 1990–2000. 2000. Virgin (EMI). ASIN: B00004RCS5

### Tipp

Materialien wie Sonnenbrillen, Tücher oder Decken sorgen zusätzlich für Abwechslung.

# Zaubertanz

**Gruppengröße**
8–14 Tänzer

**Dauer**
4–8 Minuten

**Materialien**
Symbolkarten;
Stift

**Die passende Musik**
Track: 06 | 02

## Das fördern Sie

Fantasie, eigene Entscheidung treffen

## Das müssen Sie vorbereiten

Erklären Sie den Kindern, dass der Raum an den Ecken in vier Bereiche aufgeteilt ist und dass mit Symbolen die Bewegung vorgegeben wird, die dort getanzt werden soll. Am Anfang überlegen Sie mit den Kindern gemeinsam, wie sich die einzelnen Raumbereiche unterscheiden, und erstellen anschließend zusammen die entsprechenden Symbolkarten. Mögliche Symbole können sein:

- Stein (hier wird besonders steif getanzt)
- Fluss (hier sind die Bewegungen fließend)
- Feder (schwebendes Tanzen)

usw.

## So geht es

Schalten Sie die Musik ein. Die Kinder können selbst wählen, zu welchem Symbol sie tanzen möchten. Wenn die Kinder den jeweiligen Bereich betreten, werden sie automatisch verzaubert und müssen entsprechend dem Symbol tanzen. Nachdem die Kinder eine Weile frei getanzt haben, können sie sich in der Mitte des Raumes treffen und zusammen tanzen.

## Musikalische Variation

Zu diesem Tanz können Sie auch gut folgende Musik einsetzen

- Andreas Vollenweider. Caverna Magica. Caverna Magica. 2005. Content Re (Edel)

# Fahnen weisen uns den Weg

**Das fördern Sie**
Aufmerksamkeit, optische Signale aufnehmen, Zusammenspiel in der Gruppe

**Das müssen Sie vorbereiten**
Sprechen Sie mit den Kindern vorab über die Bedeutung der einzelnen Fahnen bzw. Signalkarten. Die Kinder können sich zusammen überlegen, welche Fahne welche Bedeutung für den Tanz haben soll.

**So geht es**
Schalten Sie die Musik ein, und halten Sie eine der Fahnen hoch. Die Kinder versuchen, ihre Bewegungen der Bedeutung der Fahne anzupassen. Nach wenigen Minuten wechseln Sie die Fahne. Je schneller die Fahnen wechseln, desto mehr müssen sich die Kinder darauf konzentrieren, ihre Bewegungen entsprechend anzupassen.

**Musikalische Variation**
Zu diesem Tanz können Sie auch gut folgende Musik einsetzen
- Till Mertens. Gleich nach der Ewigkeit. Der Träumer

**Variation**
Wenn Sie die Flaggen unterschiedlicher Länder zur Verfügung haben, können Sie mit den Kindern auch darüber zu bestimmten Tanzbewegungen kommen. Besonders spannend wird das natürlich, wenn Sie in Ihrer Gruppe Kinder haben, die aus unterschiedlichen Ländern kommen und vielleicht sogar die entsprechenden traditionellen Tänze vorführen können. Der Tanz nach Länderflaggen wird noch authentischer, wenn Sie dazu landestypische Musik anbieten können.

**Gruppengröße**
8–16 Tänzer

**Dauer**
3–8 Minuten

**Materialien**
4 verschiedenfarbige Fahnen (oder Farbkarten)

**Die passende Musik**
Track: 02 | 13

# Ein Zauber hält mich gefangen

**Gruppengröße**
8–10 Tänzer

**Dauer**
4–8 Minuten

**Materialien**
keine

**Die passende Musik**
Track: 02 | 01

## Das fördern Sie

Körperbeherrschung, Raumorientierung, Zusammenspiel in der Gruppe

## Das müssen Sie vorbereiten

Für diesen Tanz müssen Sie keine weiteren Vorbereitungen treffen.

## So geht es

Dieser Tanz ist eine besondere Form des Stopptanzes. Die Kinder Tanzen frei zur Musik und bestimmen selbst, wann sie stoppen. Dabei muss nicht zwingend der ganze Tanz gestoppt werden. Es können auch nur einzelne Körperteile aufhören, zu tanzen. Das kann sehr geheimnisvoll aussehen.

## Musikalische Variation

Zu diesem Tanz können Sie auch gut folgende Musik einsetzen

- Till Mertens. Gleich nach der Ewigkeit. Der Mondspaziergang

# Von Hexen verzaubert

**Das fördern Sie**

Körperbewusstsein, Zusammenspiel in der Gruppe, Körperbeherrschung

**Das müssen Sie vorbereiten**

Für diesen Tanz müssen Sie keine besonderen Vorbereitungen treffen.

**So geht es**

Erklären Sie den Kindern, dass die Hexe Murunda sie verzaubert hat. Der Zauber bewirkt, dass sie sich nur noch mit einem Körperteil bewegen dürfen. Welches Körperteil das ist, können Sie den Kindern mit einem Zauberspruch zurufen.

**Tipp**

Bei diesem Tanz ist es wichtig, die „Hexenspannung" aufzulösen, indem man am Schluss eine fetzige Musik laufen lässt, zu der wild getanzt werden kann.

**Musikalische Variation**

Zu diesem Tanz können Sie auch gut folgende Musik einsetzen

- Andreas Vollenweider. Caverna Magica. Caverna Magica. 2005. Content Re (Edel)

**Gruppengröße**
8–12 Tänzer

**Dauer**
5–10 Minuten

**Materialien**
keine

**Die passende Musik**
Track: 12 | 01

# Tanz im Zauberland

**Gruppengröße**
9–14 Tänzer

**Dauer**
4–8 Minuten

**Materialien**
keine

**Die passende Musik**
Track: 12 | 01

## Das fördern Sie

Körperbeherrschung, typische Bewegungen erkennen und darstellen, Zusammenspiel in der Gruppe

## Das müssen Sie vorbereiten

Überlegen Sie vorab, in welche Tiere oder Gegenstände der Zauberer die Kinder verzaubern könnte, und besprechen Sie diese mit den Kindern. Die Kinder sollten eine gute Vorstellung davon bekommen, wie ein dazu passender Tanz aussehen könnte.

## So geht es

Schalten Sie die Musik ein. Jedes Kind darf sich aussuchen, in was es verzaubert wurde, und seine Tanzbewegungen entsprechend anpassen.

## Variation

Sie können diesen Tanz auch tanzen, ohne vorher zu besprechen, in was die Kinder verzaubert werden. Lassen Sie der Fantasie der Kinder freien Lauf, und fragen Sie sie anschließend, was sie dargestellt haben.

## Musikalische Variation

Zu diesem Tanz können Sie auch gut folgende Musik einsetzen

- Andreas Vollenweider. Caverna Magica. Caverna Magica. 2005. Content Re (Edel)

# Ziehen und geschoben werden

**Das fördern Sie**

Fantasie, Körperbeherrschung, Beweglichkeit, pantomimische Darstellung

**Das müssen Sie vorbereiten**

Für diesen Tanz müssen Sie keine weiteren Vorbereitungen treffen.

**So geht es**

Erklären Sie den Kindern, dass sie sich an einem Seil tanzend durch den Raum ziehen, dass sie von einer Mauer geschoben werden, dass sie auf einer schmalen Brücke balancieren usw. Dabei werden sie durch die Musik begleitet. Die Kinder können selbst wählen, von welcher Dynamik ihre Bewegungen bestimmt werden. Dadurch entstehen ein interessantes Bild und spannende Schnittstellen.

**Musikalische Variation**

Zu diesem Tanz können Sie auch gut folgende Musik einsetzen:

- Bravo The Hits 2011. 2011. Polystar (Universal)

**Tipp**

Dieser Tanz zeichnet sich durch langsame Bewegungen und hohe Körperspannung aus. Er ist deshalb sehr anstrengend. Wenn Sie die Musik öfter wechseln, ändert sich die Bewegungsqualität.

**Gruppengröße**
8–10 Tänzer

**Dauer**
4–8 Minuten

**Materialien**
keine

**Die passende Musik**
Track: 06 | 02

# Wie das Meer rauscht oder der Wind bläst

**Gruppengröße**
8–10 Tänzer

**Dauer**
5–10 Minuten

**Materialien**
Tuch (5 x 5 m, je nach Raumgröße); Krepp-Klebeband

**Die passende Musik**
Track: 01 | 12

## Das fördern Sie

Fantasie, Zusammenspiel in der Gruppe, Ausdauer

## Das müssen Sie vorbereiten

Legen Sie in der Mitte des Raumes ein großes Tuch aus. Am besten natürlich ein blaues Tuch. Alternativ können Sie das Meer mit mehreren (blauen) Chiffontüchern symbolisieren oder auch eine Meeresfläche mit Krepp-Klebeband auf dem Boden markieren.

## So geht es

Führen Sie die Kinder in den Raum, und erklären Sie ihnen, dass sie einen Tag am Meer verbringen. Fordern Sie sie auf, sich auf den Boden (an den Strand) um die markierte Meeresfläche zu setzen oder zu legen. Schalten Sie dann die Musik ein, und lassen Sie die Kinder fantasieren. Vielleicht bewegt der Wind das Meer, vielleicht kann man schwimmen oder segeln? Vielleicht sind Sie selbst kreischende Möwen, die über das Meer und am Strand umherfliegen? Lassen Sie die Kinder den ganzen Raum und auch die Meeresfläche nutzen, um ihre Meeresfantasien tänzerisch darzustellen.

## Musikalische Variation

Zu diesem Tanz können Sie auch gut folgende Musik einsetzen:

- Till Mertens. Gleich nach der Ewigkeit. Das Wägelein

## Tipp

Fordern Sie die Kinder auf, besonders langsame und „fließende" Bewegungen mit ihren Armen und dem ganzen Körper zu machen. Das wirkt beruhigend.

Wenn das Tuch am Rand bewegt wird, entwickeln sich richtige Wellen. Das ist besonders lustig, wenn einige Kinder unter dem Tuch liegen.

# Ich tanze meinen Traumberuf

**Das fördern Sie**
Fantasie, pantomimische Darstellung

**Das müssen Sie vorbereiten**
Fragen Sie die Kinder vor Tanzbeginn, welchen Beruf sie später einmal ausüben möchten. Ob Sängerin, Koch oder Bauarbeiter, sicher haben Ihre Kinder genaue Vorstellungen von ihrem Traumberuf. Überlegen Sie anschließend gemeinsam, welche Bewegungen typisch für diesen Beruf sind, und lassen Sie die Kinder die Bewegungen nachahmen.

**So geht es**
Mit der Musik fangen die Kinder an, zu tanzen, und bauen dabei die typischen Bewegungen ihres Traumberufes in den Tanz ein. Wie tanzt denn wohl ein Feuerwehrmann? Wie die Friseuse und wie der Koch? Den Kindern fallen sicher lustige Ideen ein, wie sie ihren Tanz gestalten können.

**Musikalische Variation**
Zu diesem Tanz können Sie auch gut folgende Musik einsetzen:
- Bravo The Hits 2011. 2011. Polystar (Universal)

**Tipp**
Wenn Sie mögen, können Sie die Kinder auch in zwei Gruppen teilen. Eine Gruppe schaut der anderen jeweils zu und versucht, zu erraten, welche Berufe hier tänzerisch dargestellt wurden.

**Gruppengröße**
4–10 Tänzer

**Dauer**
5–10 Minuten

**Materialien**
keine

**Die passende Musik**
Track: 08 | 07

# Weich wie Gummi, hart wie ein Flummi

**Gruppengröße**
4–12 Tänzer

**Dauer**
4–10 Minuten

**Materialien**
Postkarten/Poster mit verschiedenen Kunstwerken

**Die passende Musik**
Track: 14 | 13

## Das fördern Sie

Körperbeherrschung, unterschiedliche Musik-Charaktere darstellen

## Das müssen Sie vorbereiten

Stellen Sie eine Auswahl mit Postern oder Postkarten abstrakter Kunstwerke zusammen. Auf den Bildern sollten Formen, Linien und Farben, aber keine konkreten Darstellungen abgebildet sein.

## So geht es

Schalten Sie die Musik ein, und zeigen Sie den Kindern die Poster oder Postkarten. Die Kinder sollen sich zu den unterschiedlichen Bildern spontan bewegen. Es werden je nach Musik weiche Linien, runde Formen, abgehackte Bewegungen oder Ecken getanzt, im Raum oder mit dem Körper. Sicher interpretiert jedes Kind die Bilder anders. Wenn sich die Kinder darüber austauschen möchten, können sie das im Anschluss in einer kleinen Gesprächsrunde tun.

## Musikalische Variation

Zu diesem Tanz können Sie auch gut folgende Musik einsetzen:

- Die Kunst des Bauchtanzes. Habib Hawaya. 2008. Tyrostar

## Tipp

Liegt dieses Thema im Interesse der Gruppe, lässt sich mit Bändern an Stäben und Stöcken ein ganzer Tanz arrangieren. Mit den Bändern können die Kinder die Kreise, Wellen und Flammen nachempfinden.

# Schlange trifft Schnecke

## Das fördern Sie

Kennen lernen der Teilnehmer, Körpergefühl, Entspannung

## Das müssen Sie vorbereiten

Für diesen Tanz müssen Sie keine besonderen Vorbereitungen treffen.

## So geht es

Bilden Sie mit den Kindern eine lange Schlange, und führen Sie sie in vielen Polonäsefiguren, durch den Raum und nahe aneinander vorbei. Achten Sie dabei auf ein gemächliches Tempo. Die Schlange kann sich ganz eng in eine Schneckenform einwickeln und dann wieder aufwickeln. Wenn es nur wenige Tänzer sind, können Sie den Kindern Tücher geben, die sie zwischen sich halten.

## Musikalische Variation

Zu diesem Tanz können Sie auch gut folgende Musik einsetzen

- Till Mertens. Gleich nach der Ewigkeit. Der Träumer

## Tipp

Mit geübten Tänzern können Sie auch mehrere Schlangen von einzelnen Kindern durch den Raum führen lassen.

**Gruppengröße**
8–14 Tänzer

**Dauer**
5–10 Minuten

**Materialien**
keine

**Die passende Musik**
Track: 11 | 06

# Drunter und drüber

**Gruppengröße**
4–10 Tänzer

**Dauer**
5–10 Minuten

**Materialien**
eventuell Stühle, Tische, Seile, Krepp-Klebeband; Bongos (kleine Einfelltrommeln)

**Die passende Musik**
Track: 08 | 07

## Das fördern Sie

Beweglichkeit, Körperbewusstsein, Rücksichtnahme

## Das müssen Sie vorbereiten

Verteilen Sie die Stühle, Tische und Materialien als Hindernisse im Raum. Achten Sie dabei darauf, dass zwischen den einzelnen Hindernissen ausreichend Abstand ist. Alternativ können Sie auch Seile spannen oder Linien auf den Boden kleben.

## So geht es

Schalten Sie die Musik ein, und lassen Sie die Kinder zunächst frei tanzen. Dann bilden die Kinder eine Schlange. Mit den Bongos geben Sie nun vor, ob die Kinder über die Hindernisse hinweg steigen oder unter ihnen durch krabbeln sollen. Schlagen Sie die Trommel mit dem hellen Klang, steigen die Kinder über das Hindernis hinweg, schlagen Sie den dunklen Ton, krabbeln sie darunter durch. Bei diesem Tanz müssen Sie etwas improvisieren und sich dem Tempo der Gruppe anpassen.

## Musikalische Variation

Zu diesem Tanz können Sie auch gut folgende Musik einsetzen:

- Till Mertens. Gleich nach der Ewigkeit. Die Begegnung

## Tipp

Sie können auch zwei Gruppen bilden, eine tanzt unter den Hindernissen durch, die andere darüber hinweg.

# Laut und leise

Gruppengröße
4–10 Tänzer

Dauer
3–5 Minuten

Materialien
keine

Die passende Musik
Track: 13 | 10

**Das fördern Sie**

Konzentration, Improvisation, Abbau von Spannungen

**Das müssen Sie vorbereiten**

Für diesen Tanz müssen Sie keine besonderen Vorbereitungen treffen.

**So geht es**

Erklären Sie den Kindern, dass die Musik ihnen vorgibt, wie sie tanzen. Dabei können Sie den Kindern konkrete Vorgaben machen oder sie frei assoziieren lassen, wie sie ihre Bewegungen variieren. Wechseln Sie anfangs schnell zwischen laut und leise, so wissen die Tänzer bald, worauf es ankommt. Dann lassen Sie längere Passagen laut oder leise laufen, und überraschen die Tänzer mit wechselnder Musik.

**Musikalische Variation**

Zu diesem Tanz können Sie auch gut folgende Musik einsetzen:

- Till Mertens. Gleich nach der Ewigkeit. Die Wiese

**Tipp**

Durch schnelle Wechsel entsteht eine große Spannung, die viel Kraft verbraucht. Achten Sie also darauf, dass Sie die Tanzeinheit nicht zu lange gestalten.

# Tanz der Tiere

**Gruppengröße**
5-10 Tänzer

**Dauer**
5-10 Minuten

**Materialien**
keine

**Die passende Musik**
Track: 14 | 13

## Das fördern Sie

Körperbewusstsein, Kennen lernen verschiedener Tiere

## Das müssen Sie vorbereiten

Sicher hat jedes Ihrer Kinder ein Lieblingstier. Fragen Sie die Kinder, welche Tiere sie besonders mögen, und sammeln Sie zusammen Informationen über ihre Lebensweise. Ganz besonders wichtig ist natürlich, wie sich die Tiere bewegen. Denn dementsprechend sollen die Kinder bei diesem Tanz tanzen.

## So geht es

Die Kinder verwandeln sich in ihr Lieblingstier. Schalten Sie die Musik ein, und lassen Sie sie die Melodie frei interpretieren. Ihren Tanz führen sie dann als das Tier auf, das sie sich ausgesucht haben. Dazu greifen sie die typischen Bewegungsabläufe ihres Lieblingstiers auf.

## Musikalische Variation

Zu diesem Tanz können Sie auch gut folgende Musik einsetzen:

- Till Mertens. Gleich nach der Ewigkeit. Der Träumer

## Variation

Sie können auch ein bestimmtes Tier vorgeben und die Kinder einen entsprechenden Tanz gestalten lassen. Besonders beliebt ist ein Ententanz. Das sieht ganz schön lustig aus!

## Tipp

Wenn Sie vorher charakteristische Kostüme oder Accessoires basteln, macht dieser Tanz doppelt Spaß!

# Anregung für Aufführungen und Feste

In diesem Kapitel finden Sie ein paar ausgearbeitete Tänze, die Ihnen Impulse geben, wie Sie aus einer Tanzstunde eine Aufführung entwickeln. Sicherlich können Sie aus den einzelnen Ideen Kombinationen entwickeln und haben so einen guten Schatz für Ihre Tanzstunden.

# Hexentanz: Impulsgeschichte

Mit der Impulsgeschichte zum Hexentanz (siehe S. 41) kann sich eine gute Tanzaufführung entwickeln. Hierbei müssen die Tanzfolgen allerdings festgelegt und mehrmals geprobt werden, z. B.

- Hexen reiten auf den Besen von einer Seite herein, erst durcheinander, dann zum Kreis
- stampfen mit den Besen zum Takt der Musik im Kreis, dann außerhalb des Kreises
- schwingen den Besen über den Kopf
- drohen zu den Zuschauern
- kichern
- fegen und verschwinden wieder

Um noch mehr Spannung hineinzubringen, können gute Hexen gegen den Zauberer zaubern oder jemanden befreien. Auf jeden Fall sollte die Spannung zum Schluss im Guten aufgelöst werden.

**Bühne**

Als Requisiten kann man einen großen Kessel mit Rührlöffeln nehmen oder mit Tischen und Stühlen ein Hexenhaus, den Hexenwald usw. andeuten.

**Kostüme**

Die Hexen haben Kopftücher auf, Kleider an und eventuell einen Besen dabei. Vielleicht haben die Kinder Lust, aus Pappmaschee Hexennasen zu basteln?

**Musik**

Die Musik sollte natürlich geheimnisvoll und mystisch sein. Wenn Sie die technischen Möglichkeiten haben, können Sie vielleicht auch eigens für die Aufführung mehrere Stücke zusammenschneiden.

# Die Tänzer im Urwald

Für eine Aufführung zum Thema Urwald teilen Sie die Kinder in zwei Gruppen: die Tänzer und die Trommler.
Je ein Tänzer und ein Trommler gehören zusammen. Wenn die Kinder mögen, können Sie vorab auch einen festen Rhythmus einstudieren. Die Tänzer verkleiden sich als Urwaldbewohner und tanzen zu den Trommeln. Man kann eine richtige Geschichte mit den Kindern entwickeln, je nachdem welche Darstellungen sie wählen: Der Tiger schleicht durch sein Jagdrevier, die Schlange zischt leise über die Bühne, es kommt zum Kampf ...
Am besten stellen Sie die Charaktere zunächst einzeln vor und erzählen dann eine Handlung, nach der getanzt wird. Tänzer und Trommler können sich auch abwechseln oder sie behalten ihre Aufgabe, je nach Wunsch der Kinder.

**Bühne**
Für das Bühnenbild zum Thema Urwald färben Sie vorab mehrere Leintücher grün ein und bemalen sie zusammen mit den Kindern mit Bäumen, Lianen und Grünpflanzen.

**Kostüme**
Die Kostüme können mit Tüchern und Masken gestaltet werden, je nachdem welche Charaktere die Kinder darstellen möchten.

**Musik**
Die Musik kann geheimnisvoll oder rhythmisch sein. Das hängt ganz davon ab, welche Stimmung Sie erzeugen wollen.

# Indianertanz: Impulsgeschichte

Wie bei der Impulsgeschichte von den Hexen, lässt sich auch die Geschichte der Indianer (siehe S. 43) entsprechend durch eine Tanzgeschichte zur Aufführung bringen. Dafür bauen Sie die Inhalte mit den Kindern zusammen einfach noch ein bisschen aus.

**Bühne**

Ein richtiges Tipi ist schnell gebaut und reicht schon als Bühnendekoration. Die übrigen Zelte können mit auf den Hintergrund gemalt werden. Je nachdem wie die Geschichte verläuft, können Sie außerdem einen Wald, einen Fluss oder das Nachbardorf andeuten. Auch hier können Sie wieder gut mit farbigen Tüchern arbeiten.

**Kostüme**

Als Pferde bieten sich Steckenpferde an, man kann sie aus einem Strumpf und einem Stock mit etwas Übung selbst herstellen. Die Indianer tragen ein Stirnband mit Feder, Perlenschmuck und Kleidung aus leinenähnlichem Stoff oder braune T-Shirts, die mit bunten Mustern verziert werden. Pfeil und Bogen braucht ein richtiger Indianer natürlich auch. Für den Sonnentanz ziehen sich die Indianer ihre Festkleidung an, eventuell ein Stirnband mit gelben Strahlen oder halten eine gelbe Sonnenscheibe in der Hand. Für den Regentanz kann man mit Rasseln die entsprechende Musik begleiten. Man kann im Kreis laufen, die Rasseln nach unten gegen den Boden schütteln, nach vorne schütteln und nach oben. Dies alles erfordert einiges an Übung, sodass sich dieser Teil der Aufführung für Ältere eignet. Die Jüngeren könnten aber durchaus im Sitzen mitrasseln oder leise auf Klanghölzer schlagen.

**Musik**

Für eine Aufführung mit den Indianern sollten Sie Indianermusik verwenden. Sie ist immer etwas spirituell und zugleich rhythmisch und melodisch.

# Warum Feuer und Sturm sich nicht vertragen

Zum Tanz von Feuer und Sturm (siehe S. 12) lässt sich ebenfalls wunderbar eine ganze Geschichte erfinden und tanzen. Mit entsprechendem Lichtwechsel werden die Elemente verstärkt und die Musik unterstützt. Zuerst tritt z. B. der Sturm auf, er ist noch klein und bewegt sich sanft, wird stärker, wilder und bläst Blätter über die Bühne. Die Sturmtänzer verlassen nach und nach die Bühne. Einzelne Feuertänzer erscheinen und nehmen die Blätter auf und tanzen froh. Die Sturmtänzer vertreiben sie von der Bühne. Wenn sie wieder verschwinden, treffen sich die Feuertänzer in einer Gruppe, und wenn jetzt die Sturmtänzer versuchen, sie zu vertreiben, stellen sie sich Rücken an Rücken und lodern immer wilder auf, je mehr die Sturmtänzer sie mit den Tüchern anblasen. So langsam geht beiden Gruppen die Kraft aus, sie liegen alle auf der Bühne, und mit dem nächsten Musikwechsel fangen einzelne Sturm- und Feuertänzer an, paarweise zu tanzen. Zum friedlichen Abschluss bietet sich ein Kreistanz an, bei dem einmal die Feuer- und einmal die Sturmtänzer außen tanzen.

**Bühne**

Das Bühnenbild kann mit Tüchern gestaltet werden. Herbstlaub, das durch die Luft wirbelt, wenn der Sturm tanzt, ergibt einen besonders schönen Effekt.

**Kostüme**

Die Feuertänzer tragen rote, orange und gelbe Kleidung oder Bänder. Die Sturmtänzer tragen blaue, hellgrüne oder graue Kleidung und blaue Tücher.

**Musik**

Die Musik sollte beide Elemente widerspiegeln und von sanft bis bedrohlich reichen. Selbstverständlich können Sie auch mehrere Stücke zusammenschneiden.

# Bänderchoreografie

Mit Bändern lassen sich besonders eindrucksvolle Choreografien entwickeln. Die Musik beginnt, und kurz danach laufen die Tänzer alle hintereinander in einer Schlange zu einem Kreis auf die Bühne. Zuerst halten sie die Bänder hoch über den Kopf. Dann wedeln sie im Laufen von rechts nach links, danach von vorne nach hinten. Sie bleiben stehen und schwenken die Bänder in großem Bogen von außen nach innen, mit Blick nach innen. Dann schauen sie mit der gleichen Bewegung nach außen. Sie bilden eine Schlange und gehen von der Bühne ab oder tanzen die Choreografie von vorn.
Die Choreografie muss sich natürlich nach der entsprechenden Musik richten. Sicher fallen Ihnen und den Kindern schöne Bewegungen ein.

**Bühne**
Das Bühnenbild kann bei einer Bänderchoreografie eher schlicht gehalten werden, da die Bänder selbst eindrucksvoll genug sind. Eventuell können Sie im Hintergrund eine Art Bändervorhang dekorieren und das Motiv so erneut aufgreifen.

**Kostüme**
Die Kostüme sollten ebenfalls schlicht ausfallen, um nicht von den Bändern abzulenken. Am besten ziehen die Kinder weiße Kleidung an. Dann sind die bunten Bänder besonders schön zu sehen.

**Tipp**
Wenn Sie die Möglichkeit haben, mit Schwarzlicht zu arbeiten, können Sie allen Kindern weiße Bänder geben. Der Raum wird abgedunkelt, und die Kinder tragen schwarze Kleidung. Vom Schwarzlicht angestrahlt leuchten die fliegenden Bänder.

**Musik**
Für die Choreografie eignet sich Klaviermusik. Die fließenden Klänge passen gut zur Dynamik der Bänder.

# Ballerina trifft Rocker

Die Tänzer tragen kurze Hosen oder Leggings, die Knie müssen frei sein. Auf die Knie wird eine Sonnenbrille gebunden, indem die Bügel in der Kniekehle festgebunden werden. Darunter wird der Mund mit Bart gemalt, und man kann Stümpfe mit Turnschuhen anziehen. Auf der anderen Seite der Füße kann man aus Tüll ein halbes Balletträckchen befestigen und es mit den weißen Strümpfen verbinden. Man muss Einiges ausprobieren, damit die Tänzer sich auf der Bühne bewegen können. Der Charme dieser Aufführung liegt in der Überraschung und den unterschiedlichen Musikstücken. So können Sie mit den Ballerinas und den Rockern eine richtige kleine Geschichte erzählen.

**Bühne**
Die Bühne sollte erhöht sein, denn die Zuschauer sehen nur die Beine. Mit einem Leintuch wird die Bühne bis über Kniehöhe abgehängt.

**Kostüme**
Wie oben beschrieben können die Beine und Knie der Kinder individuell gestaltet werden.

**Musik**
Hierfür bietet sich ein Musikmedley an. Sanfte Klaviermusik passt sicher gut zu den Ballerinas und eine fetzige Musik lässt die Rocker tanzen.

# Übersicht: Förderbereiche

| Förderbereich | Tanz |
|---|---|
| Akustische Wahrnehmung, Töne und Rhythmen in Bewegung umsetzen, Zusammenspiel mit Partner | Wer folgt wem? |
| Aufmerksamkeit, optische Signale aufnehmen, Zusammenspiel in der Gruppe | Fahnen weisen uns den Weg |
| Beweglichkeit, Körperbewusstsein, Rücksichtnahme | Drunter und drüber |
| Bewegungsschulung, Konzentration, Beobachtungsgabe schulen | Im Land der Spiegel |
| Entspannung, Gemeinschaftsgefühl, Rücksichtnahme | Sonnentanz |
| Entspannung, Ruhe finden in der Musik | Ruhige Musik trägt uns |
| Fantasie, Beobachtung, Anpassen an die Bewegungen der Tüte, Rücksichtnahme | Die Tüte fliegt wie eine Feder |
| Fantasie, Beweglichkeit | Warum Sonne und Mond sich nicht vertragen |
| Fantasie, eigene Entscheidung treffen | Zaubertanz |
| Fantasie, Gegenstände darstellen | Wie ein großer Luftballon |
| Fantasie, Körperbeherrschung, Beweglichkeit, pantomimische Darstellung | Ziehen und geschoben werden |
| Fantasie, pantomimische Darstellung | Ich tanze meinen Traumberuf |
| Fantasie, pantomimische Darstellung, Mut, etwas vorzutanzen | Komm, wir tanzen um die Welt |
| Fantasie, Zusammenspiel in der Gruppe, Ausdauer | Wie das Meer rauscht und der Wind bläst |
| Feinmotorik, gezielt vorsichtige Bewegungen, Fantasie, Gruppengefühl | Schnee bedeckt die Welt |
| Gemeinschaftsgefühl, Rücksichtnahme, Freude an der Musik | Königstanz |
| Gleichgewicht, optische Wahrnehmung, Bewegen im dunklen Raum, Einstellen auf den Partner, Vertrauen | Tanz der Sterne |
| Gleichgewicht, räumliche Orientierung, Rücksichtnahme | Das dicke Seil führt uns |
| Gruppengefühl, Entspannung | Lichter begleiten unseren Weg |
| Gruppengefühl, gebremste Bewegungen erleben | Wir tanzen im Meer |
| Interkulturalität, Körperbewusstsein, Zusammenspiel mit anderen | Frühlingsfest der Indianer |

| Förderbereich | Tanz |
|---|---|
| Kennen lernen der Teilnehmer und des Raumes, Körpergefühl, Entspannung | Schlange trifft Schnecke |
| Körperbeherrschung, achtsamer Umgang, Zusammenarbeit mit anderen | Wir bauen eine Standbild |
| Körperbewusstsein, Fantasie, Selbstbewusstsein | Mein Stofftier kann auch tanzen |
| Körperbeherrschung, Gruppengefühl, Konzentration | Reifenvariationen |
| Körperbeherrschung, Raumorientierung, Zusammenspiel in der Gruppe | Ein Zauber hält mich gefangen |
| Körperbeherrschung, Tätigkeiten darstellen, Beobachtungsgabe, Fantasie, | Tanzpantomime |
| Körperbeherrschung, typische Bewegungen erkennen und darstellen, Zusammenspiel in der Gruppe | Tanz im Zauberland |
| Körperbeherrschung, unterschiedliche Musik-Charaktere darstellen | Weich wie Gummi, hart wie ein Flummi |
| Körperbewusstsein, Kennen lernen verschiedener Tiere | Tanz der Tiere |
| Körperbewusstsein, Sprachschatz, Konzentration, Zusammenspiel in der Gruppe | Wir sind magnetisch |
| Körperbewusstsein, Tätigkeiten darstellen, Zusammenspiel mit anderen | Clown Zumpel sucht seine rote Nase |
| Körperbewusstsein, Zusammenspiel in der Gruppe, Körperbeherrschung | Von Hexen verzaubert |
| Körpergefühl, Fantasie, Zauberwesen darstellen | Elfen tanzen im Zauberwald |
| Körpergefühl, Rücksichtnahme, Bewegungsabläufe koordinieren | Tanz mit Tasche |
| Körperteile benennen, Mut zum Vortanzen, Kreativität | Unser Körper zeigt den Rhythmus |
| Körperwahrnehmung, Fantasie | Pullover und Hose tanzen mit |
| Konzentration, Beobachtungsgabe, Fantasie | Tanz mit Feder, Tuch und Luftschlange |
| Konzentration, Improvisation, Abbau von Spannungen | Laut und leise |
| Konzentration, Raumgefühl, Rücksichtnahme | Schneezauber |
| Koordination, Beweglichkeit | Kreuztanz |
| Kreativität, Gruppengefühl, Beweglichkeit | Unsere Schuhe tanzen mit |

| Förderbereich | Tanz |
|---|---|
| Kreativität, Zusammenspiel mit anderen, Körperbewusstsein | Wie ein Segel im Wind |
| Orientierung in Raum und Gruppe, Zusammenspiel mit Partner | Ameisen und Bären treffen sich |
| Orientierungssinn, Improvisation, Rücksichtnahme | Tanz mit Regenschirmen |
| Reaktionsvermögen, Körperkontrolle, Freude an der Bewegung | Einfrieren in der Kälte |
| Rhythmusgefühl, Fantasie, Gruppenzusammengehörigkeit | Die Wichtel gehen ins Bergwerk |
| Rhythmusgefühl, Gruppengefühl | Regentanz |
| Selbstbewusstsein, Körpergefühl, Fantasie | Modenschau |
| Sinneswahrnehmung, Größenverhältnisse erfahren, Fantasie | Wir bauen eine Stadt |
| Verschiedene Elemente darstellen, Charakter einer Musik erkennen | Tanz der Luftgeister, Erdtrolle, Feuerspringer und Wassernixen |
| Wahrnehmung, Beweglichkeit, Fantasie | Wir tanzen zu den Zeichen |

# Übersicht: Musik und Tanz

| Tanzmelodie | Spieltitel |
|---|---|
| Tanzmelodie 1 | Warum Feuer und Sturm sich nicht vertragen / Wie das Meer rauscht oder der Wind bläst / Tanz der Luftgeister, Erdtrolle, Feuerspringer und Wassernixen / Hexentanz / Frühlingsfest der Indianer / Ein Zauber hält mich gefangen / Von Hexen verzaubert / Tanz im Zauberland |
| Tanzmelodie 2 | Tanz mit Feder, Tuch und Luftschlange / Ziehen und geschoben werden / Tanz mit Regenschirmen / Wie ein großer Luftballon / Ruhige Musik trägt uns / Sonnentanz / Zaubertanz / Fahnen weisen uns den Weg / Ein Zauber hält mich gefangen |
| Tanzmelodie 3 | Elfen tanzen im Zauberwald / Ameisen und Bären treffen sich im Wald |
| Tanzmelodie 4 | Elfen tanzen im Zauberwald / Wir tanzen im Meer / Tanz der Sterne / Schnee bedeckt die Welt / Schneezauber / Im Land der Spiegel / Einfrieren in der Kälte / Tanz der Luftgeister, Erdtrolle, Feuerspringer und Wassernixen / Warum Sonne und Mond sich nicht vertragen |

| Tanzmelodie | Spieltitel |
|---|---|
| Tanzmelodie 5 | Wir bauen eine Stadt / Tanz mit Regenschirmen / Wir sind magnetisch / Clown Zumpel sucht seine rote Nase / Wir bauen ein Standbild / Regentanz / Wer folgt wem? |
| Tanzmelodie 6 | Lichter begleiten unseren Weg / Schnee bedeckt die Welt / Die Tüte fliegt wie eine Feder / Das dicke Seil führt uns / Schneezauber / Mein Stofftier kann auch tanzen / Wie ein Segel im Wind / Im Land der Spiegel / Ruhige Musik trägt uns / Tanz mit Feder, Tuch und Luftschlange / Reifenvariationen / Ameisen und Bären treffen sich / Zaubertanz / Ziehen und geschoben werden / Schlange trifft Schnecke |
| Tanzmelodie 7 | Die Wichtel gehen ins Bergwerk / Tanz der Sterne / Modenschau / Kreuztanz / Drunter und drüber / Ich tanze meinen Traumberuf |
| Tanzmelodie 8 | Die Wichtel gehen ins Bergwerk / Wir bauen eine Stadt / Wir bauen ein Standbild / Wer folgt wem? / Drunter und drüber / Ich tanze meinen Traumberuf |
| Tanzmelodie 9 | Pullover und Hose tanzen mit / Unsere Schuhe tanzen mit / Unser Körper zeigt den Rhythmus / Regentanz |
| Tanzmelodie 10 | Mein Stofftier kann auch tanzen / Wie ein Segel im Wind / Wir sind magnetisch / Tanzpantomime / Reifenvariationen / Laut und leise / Frühlingsfest der Indianer |
| Tanzmelodie 11 | Lichter begleiten unseren Weg / Die Tüte fliegt wie eine Feder / Das dicke Seil führt uns / Tanz mit Tasche / Wie ein großer Luftballon / Wir tanzen zu den Zeichen / Sonnentanz / Königstanz / Schlange trifft Schnecke |
| Tanzmelodie 12 | Wir tanzen im Meer / Wie das Meer rauscht oder der Wind bläst / Hexentanz / Von Hexen verzaubert / Tanz im Zauberland / Einfrieren in der Kälte |
| Tanzmelodie 13 | Pullover und Hose tanzen mit / Modenschau / Komm, wir tanzen um die Welt / Unsere Schuhe tanzen mit / Tanzpantomime / Clown Zumpel sucht seine rote Nase / Unser Körper zeigt den Rhythmus / Kreuztanz / Warum Sonne und Mond sich nicht vertragen / Fahnen weisen uns den Weg / Weich wie Gummi, hart wie ein Flummi / Laut und leise / Warum Feuer und Sturm sich nicht vertragen / Tanz der Tiere |
| Tanzmelodie 14 | Komm, wir tanzen um die Welt / Tanzen mit Tasche / Wir tanzen zu den Zeichen / Königstanz / Weich wie Gummi, hart wie ein Flummi / Tanz der Tiere |

# Medientipps

**Musik**

*Addy, Mustapha Tettey:*
**Come and dance.**
Weltwunder (SunnyMoon Distribution). 2005.
ASIN: B0000264Y5

*American Native Orchestra:*
**Indian Spirit.**
Mediaphon. 2002.
ASIN: B0000669VN

*Bacharach, Burt:*
**All the Hits.**
Zyx. 2011.
ASIN: B004SNHBRA

**Bravo The Hits 2011.**
Polystar (Universal). 2011.
ASIN: B005WNF596

**Die Kunst des Bauchtanzes. The best of belly Dance**
Tyrostar. 2008.
ASIN: B001C9Z3VE

*Electric Air Project:*
**Der Klang des Meeres – Meeresrauschen.**
Erhältlich unter:
gemafrei-music.de. 2010.
ASIN: B003ZY1RTQ

*Enya:*
**The very Best of Enya. Orinoco Flow.**
Warner Music International. 2009.
ASIN: B002RSH2QI

*Heart of the Dragon Ensemble:*
Classical Folk Music from China.
Arc Music. 2005.
ASIN: B0007D0AEQ

*Liebert, Ottmar:*
**Nouveau Flamenco 1990–2000.**
Virgin (EMI). 2000.
ASIN: B00004RCS5

*Mertens, Till:*
**Gleich nach der Ewigkeit.**
Erhältlich unter:
www.pianomusic.de.

*Pachelbel, Johann:*
**Pachelbel's Greatest Hit.**
Rca Red Seal (Sony Music). 2003.
ASIN: B0000C9JCM

*Vivaldi, Antonio:*
**Die Vier Jahreszeiten.**
Zyx-Classic. 1990.
ASIN: B000025900

*Vollenweider, Andreas:*
**Caverna Magica.**
Content Re (Edel). 2005.
ASIN: B000BBRDBC

**Literatur**

*Dold, Julia; Schilling, Lea:*
**Kreativer Kindertanz** – Spaß und Freude am Tanz vermitteln.
Meyer & Meyer Sport, 2011
ISBN: 978-3898995801

*Fischer, Renate:*
**Tanzen mit Kindern:**
Spielformen – Technik – Improvisation – Gestaltung.
Bosse, 1998
ISBN: 979-0201126661

*Mayrhofer, Gertraud:*
**Kinder Tanzen aus der Reihe:**
Von Herbstdüften, Frühlinksklängen und Sommerträumen – ein Jahr voller Begegnungen, Berührungen, Bewegung und Tanz.
Ökotopia, 2004
ISBN: 978-3936286458

*Meyerholz, Ulrike; Rechle-Ernst, Susi:*
**Heisse Füsse, Zaubergüsse.**
Zytglogge-Verlag, 2009
ISBN: 978-3729605657

*Schneider, Katja:*
**Alle Kinder tanzen gern.**
Wie Tanzen Kinder fördert und erfüllt.
Beltz, 2006
ISBN: 978-3407228871

*Seippel, Elisabeth:*
**Tanzen im Kindergarten:**
Kindertänze werden in Themen der Kindergartenarbeit eingebunden.
Fidula, 2000
ISBN: 978-3872269034

*Vogel, Corinna:*
**Der erste Schritt:** Einfache Tänze für Grundschule und Kindergarten. 15 Tänze für Kinder von 4 bis 12 Jahren.
Bosse, 2005
ISBN: 978-3764926779

Verlag an der Ruhr

Postfach 10 22 51
45422 Mülheim an der Ruhr

Telefon 030/89 785 235
Fax 030/89 785 578

bestellungen@cornelsen-schulverlage.de
www.verlagruhr.de

Es gelten die Preise auf unserer Internetseite.

**Schaut, wie mein Tuch tanzen kann!**

**Fantasievolle Lieder und Bewegungsspiele mit Chiffon-Tüchern**

Andrea Paredes Montes, Torsten Kamps

3–7 J., 64 S., 17 x 24 cm, Paperback mit Audio-CD
ISBN 978-3-8346-0925-0
**Best.-Nr. 60925**
**24,95 € (D)/25,70 € (A)/39,80 CHF**

**Mit Musik durchs Kita-Jahr!**

**Lieder, Tänze, Klanggeschichten**

Kati Breuer

3–6 J., 127 S., 16 x 23 cm, Paperback mit Audio-CD
ISBN 978-3-8346-0629-7
**Best.-Nr.: 60629**
**20,50 € (D)/21,10 € (A)/32,70 CHF**

**101 Bewegungsspiele für zwischendurch und überall**

**5-Minuten-Ideen zum Austoben und Entspannen in der Kita**

Jutta Bläsius

3–6 J., 116 S., 16 x 23 cm, Paperback
ISBN 978-3-8346-0816-1
**Best.-Nr.: 60816**
**14,80 € (D)/15,30 € (A)/24,30 CHF**

**255 Fünf-Minuten-Spiele für die Kita**

**zu allen Bildungsbereichen**

Jackie Silberg

3–6 J., 280 S., 16 x 23 cm, Paperback
ISBN 978-3-8346-0470-5
**Best.-Nr.: 60470**
**19,95 € (D)/20,60 € (A)/33,30 CHF**

**Keiner darf zurückbleiben**